习近平新时代中国特色社会主义思想研究工程

# 中国现代化经济体系建设研究

张晖明等◎著

上海人民出版社

# 目　录

1

# 目 录

# 引论：理解经济体系与现代化经济体系

刚刚过去的 2020 年，中国经济社会发展的第十三个五年规划完美收官，胜利完成"第一个一百年"建设任务。在此基础上，乘势而上接续第十四个五年规划，开启全面建设社会主义现代化国家新征程，向"第二个一百年"奋斗目标进军，[①] 标志着我们国家进入新的发展阶段。站在这样的时点上，我们党明确部署了新的"分两步走"的战略安排。就是到 2035 年基本实现社会主义现代化，到 21 世纪中叶，在基本实现现代化的基础上，再奋斗十五年，把我国建成富强民主文明和谐美丽的社会主义现代化强国。[②]

---

[①] "两个一百年"是中国共产党在领导中国人民建设现代化国家愿景规划在时间节点上确立的概念，指从 1921 年中国共产党成立，到 2021 年中国共产党建党一百周年（第一个一百年），全面建成小康社会；从 1949 年中华人民共和国成立，到 2049 年中华人民共和国成立一百周年，也就是到 21 世纪中叶，把我国建成富强民主文明和谐美丽的社会主义强国（第二个一百年）。

[②] 习近平总书记在中国共产党第十九次全国代表大会上的报告（2017 年 10 月 18 日）中对我国未来 30 年的经济社会发展作了明确阐述。

中国特色社会主义的发展进入新时代。按照"新发展理念"的指导，我们比以往任何时候对于中国经济社会发展前景的认识更完整清晰、对发展道路更加明确、对实现发展战略目标更有信心。习近平总书记在党的十九大报告中明确提出，"我国经济已由高速增长阶段转向高质量发展阶段，正处在转变发展方式、优化经济结构、转换增长动力的攻关期，建设现代化经济体系是跨越关口的迫切要求和我国发展的战略目标"。[①] 强调"高质量发展"对各方面工作的总要求，落实以发展作为党执政兴国的"第一要务"，推动经济持续健康发展，体现了马克思主义历史唯物主义基本原理的具体应用，就是要加快发展生产力，夯实社会主义现代化建设的经济基础。"建设现代化经济体系"就是要坚持社会主义市场经济改革方向，加快构建更加完善的生产要素市场化配置体制机制，建设统一开放、竞争有序的市场体系，促进经济体系自身构造质量不断提升、经济运行效率不断提高。

# 一、经济体系与现代化经济体系的经济学解读

为了更加深刻地理解"建设现代化经济体系"的理论和实践意

---

[①] 习近平：《决胜全面建成小康社会，夺取新时代中国特色社会主义伟大胜利——在中国共产党第十九次全国代表大会上的报告》（2017 年 10 月 18 日），人民出版社 2017 年版，第 30 页。

义？作为学术讨论的铺垫，我们先在学理上对"经济体系"这一概念的内涵进行讨论。狭义地说，经济体系是指一群经济个体之间具有相互联系关系，个体间的在一定的分工关系中形成相互交换的协作关系，处在这一分工关系中的任何一个个体的变动都会对总体造成影响。这里强调的是经济活动主体之间选择和接受分工而结成一定的经济关系。进一步讨论，在社会环境和动态发展的背景下考察"经济体系"的概念，则是指经济活动的各类主体相互合作，以一定的制度规则形成持续的有机的联系，不同的制度规则直接决定影响着不同经济主体相互之间的合作关系，进而也直接制约影响经济主体相互协作的经济效率。正是这样，人们对经济体系的理解，更多地在于重视关注经济生活中各类经济主体之间所结成的经济关系、经济主体参与社会再生产的分工体系和具体维系和规制分工体系运转的经济制度规则。基于这样的认识基础，人们形成了对于经济体系"建构"和"运行"的理解和相关知识的积累，自然就会更多地重视经济运行规则对于经济运行绩效的作用机制，以此作为评价一定的经济体系发育发展水平。概括起来说，所谓经济体系的直接的经济理论含义，是指一定的经济（包括生产、分配、流通）的组织形式、权限划分、管理方式、机构设置的整个体系，也体现出参与经济活动的各个方面的实际面貌及运行功能和运行效率。

讨论经济体系的具体含义，有助于我们更好地理解建设现代化经济体系对于中国经济建设发展的重要意义，对经济活动各类主体自身参与市场分工的能力、组合主体分工关系的制度规则的动态优化能力有更加系统深刻的认识。紧密联系中国经济所处新发展阶段的特点，联系新发展格局大背景，更好地贯彻新发展理念，关注科学技术发展应用所形成的产业分工体系的合理性，建设现代产业体系，推动经济发展的质量变革、效率变革和动力变革，追求经济的"高质量发展"。概括起来说，所谓现代化经济体系的标志是"市场机制有效、微观主体有活力、宏观调控有度"。综合表现在经济发展的质量、经济运行的制度安排或者说经济体制的质量和参与经济活动的各类主体的行动方式的质量的全面提升，形成现代化经济体系的完整建构和动态优化能力。

正是这样，现代化经济体系这一概念的首次提出，是中国经济社会发展进入新时代标志性的重要工作内容。当今世界正经历百年未有之大变局，如何在变局中开新局，构建中国经济发展的新格局，就是要顺应时代潮流，适应我国社会主要矛盾变化，战胜前进道路上的和风险挑战；就是要在坚持和完善中国特色社会主义制度、推进国家治理体系和治理能力现代化上下更大功夫。立足于我国长期处于社会主义初级阶段这个最大实际，坚持发展仍是解决我国所有问题的关键这个重大战略判断，以经济建设为中心，发挥经济体制改革的牵引作用，建设现代化经济体系就成为推进经济建设和社会发展、构建发展新格局的主要工作任务。

如前所述，现代化经济体系这一概念是习近平总书记在党的十九大报告中首次提出的。2018年1月30日，习近平总书记在十九届中央政治局第三次集体学习时对建设现代化经济体系进一步做了重要论述，为我们理解现代化经济体系的内容和推进我国现代化经济体系建设指明了方向。建设现代化经济体系是巩固完善我国社会主义市场经济体制的重要的工作任务，体现了对经济体系本体构造、经济体制机制发育、经济运行质量提升的工作要求。它涵盖了围绕经济建构的系统性、多元性、综合性、顺畅性对经济体制功能塑造的要求，保持经济结构合理和具有动态优化升级能力、产业体系相对完备且具有国际竞争实力、经济发展方式体现出高质量要求，并为各类生产要素活力的充分发挥提供充分的舞台。

现代化经济体系由现代化和经济体系两个关键词共同组成。

现代化是反映人类社会文明从传统社会向现代社会转型程度的综合指标，主要有两层含义：从过程看，指通过不断变革满足现代需要；从结果看，指成为技术先进的，且通常指达到世界先进水平，表现为经济运行体系具有国际竞争能力。

经济体系是由社会经济活动各个环节、各个层面、各个领域组成的彼此依存、相互影响、共同发展的系统。它包括经济社会活动的生产、流通、分配和消费等各个环节，供给、需求、市场体系和宏观调控等各个层面，以及产业、区域等各个领域。经济体系一般包括四个维度：一是经济活动行为主体和要素，包括企业、大学、科研机构、政府等，以及劳动力、资金、土地、技术等要素的数量和质量；二是结构，即指这些经济活动行为主体和要素是按照什么比例进行配置的，不同的组合决定了系统不同的运行效率；三是机制，主要是这些经济活动行为主体和要素的运行机制，包括协调机制、动力机制等，它决定了要素资源能否有效配置和有序流动；四是环境，主要包括公平竞争的市场环境、营商和法制环境、政策环境等。

因此，可以概括为，现代化经济体系是由社会经济活动的各个环节、各个层面、各个领域构成的，能够较好满足现代需要的有机统一整体。它既是一个目标，也是一个不断变革的过程。从我国来看，现代化经济体系就是能够很好地满足人民日益增长的美好生活需要的经济体系，是充分体现新发展理念的经济体系。

经济体系作为一国国民经济构造的本体内容，具体表现为国民经济构造中的产业体系、市场体系、收入分配体系、城乡区域发展体系、人口资源环境关系协调处理的绿色发展体系、全球化潮流中的全面开放体系和具体处理维系上述各分支体系的经济体制建构安排。经济体系的实际内容构造和动态运行耦合协调能力，是一国经济运行和发展能力、发展质量的具体呈现，直接决定着一国经济运行中的资源配置效率。正是在这个意义上，我国经济体制改革的目标任务就是要构建以市场机制有效、微观主体有活力、宏观调控有度的经济体制为经济体制特征的现代化经济体系。

# 二、联系中国经济发展战略加深理解建设<br>现代化经济体系的意义

建设现代化经济体系是在我国进入决战全面建成小康社会，实

施"精准扶贫"攻坚任务扎实推进、迈向圆满完成背景下提出来的。在习近平总书记的亲自谋划和领导下，中华民族举全党之力、聚全国之智，以不破楼兰终不还的坚定和大干实干加油干的奋进姿态，向贫困宣战，向落后说不，在全面建成小康社会的伟大征程上接力前行，交出了一份分量十足的脱贫答卷。到2020年底，全国832个贫困县全部脱贫摘帽。深度贫困堡垒全部被攻克，提前10年实现联合国2030年可持续发展议程的减贫目标。中国向世界庄严宣告，中华民族彻底摆脱了绝对贫困，实现了全面小康的千年梦想。发展产业、易地搬迁、生态补偿……每个贫困户脱贫背后，都是一个系统工程，都有一场需要拼搏的硬仗。中国的脱贫攻坚之路，每一脚都落得笃定，每一步都走得踏实。脱贫攻坚我们已经走过千山万水，小康社会建设完善我们还需跋山涉水。巩固提升脱贫攻坚成果，仍需乘势而上、持续发力！全面建设社会主义现代化国家，发展之履永远不能止步。为了"巩固拓展脱贫攻坚成果同乡村振兴有效衔接各项工作，让脱贫基础更加稳固、成效更可持续"，党中央进一步提出明确要求，"乘势而上，再接再厉，接续奋斗"，结合解决我国经济社会发展中存在的"人民日益增长的美好生活需要"和"不平衡不充分的发展"这一主要矛盾，接续推进"乡村振兴战略"，努力缩小城乡区域发展差距、实现人的全面发展和全体人民共同富裕对接。这也是推进社会主义市场经济体系构造内涵不断完善成长的重要工作内容。

建设现代化经济体系是紧扣新时代我国社会主要矛盾转化、落实中国特色社会主义经济建设布局的内在要求，是开启全面建设社会主义现代化国家新征程的基本途径，也是适应我国经济由高速增长阶段转向高质量发展阶段，转变经济发展方式、转换发展动能和全面均衡发展的迫切需要。党的十九大报告指出，我国社会主要矛盾的变化是关系全局的历史性变化，对党和国家工作提出了许多新要求。我们要在继续推动发展的基础上，着力解决好发展不平衡不充分问题，大力提升发展质量和效益，更好满足人民在经济、政治、文化、社会、生态等方面日益增长的需要，更好推动人的全面发展、社会全面进步。这也对我们认识和解决社会主要矛盾提出新的要求。

改革开放 40 多年来，中国经济保持了平均年增长接近百分之十的增长速度，创造了举世瞩目的经济增长业绩，国内生产总值总量迅速攀升到全球第二的位置。根据国家统计局有关信息，2020 年，我国 GDP 总量已经跨过 100 万亿元（101.6 万亿元），人均 GDP 也已经跨过 1 万美元。正是在这样的背景下，我国经济必须从既往的谋求高速增长转向注重发展质量的新阶段。我国社会的主要矛盾已经由人民日益增长的物质文化需要同落后的社会生产之间的矛盾转化为人民日益增长的美好生活需要和不平衡不充分的发展之间的矛盾。社会主要矛盾的变化，是中国特色社会主义进入新时代的一个重要标志。准确理解社会主要矛盾的变化，科学破解这一矛盾，就必须更高水平发展生产力、更大力度调整和完善生产关系、积极推进现代化经济。推进经济体制改革深化，完善市场机制，提高要素市场化配置的活力，促成全面增强经济肌体的健康发育。这也是我们党提出建设现代化经济体系战略目标最主要的原因。针对解决好已经发生转化了的社会主要矛盾，通过建设现代化经济体系的工作任务和内容，促进经济发展质量的全面提升，可谓是水到渠成、意义深远。深刻认识我国社会主要矛盾变化的现实依据，准确把握我国社会主要矛盾变化的重大意义，是深入理解新时代中国特色社会主义的关键所在，也是决胜全面建成小康社会、全面建设社会主义现代化国家的战略基石。社会主要矛盾变化是一代代中国共产党人带领中国人民为实现中华民族伟大复兴勠力同心、接续奋斗的结果，是我们党把中国特色社会主义道路作为解决我国社会主要矛盾的根本途径取得的重大成就。社会主要矛盾变化有力证明：把科学社会主义基本原则同中国发展实际相结合，坚持党的基本理论、基本路线、基本方略，就能实现人民对美好生活的向往，就能实现中华民族的伟大复兴。

建设现代化经济体系，也是我们准确认识当今世界正处在"百年未遇之大变局"的大背景，"深刻认识和准确把握外部环境的深刻变化和我国改革发展稳定面临的新情况新问题新挑战，坚持底线思维，增强忧患意识，提高防控能力，着力防范化解重大风险，保持经济持续健康发展和社会大局稳定"。善于做到在变局中识机遇，变局中开新局，集中精力"把自己的事情做好"，把建设现代化经济体系作为促进经济高质量发展的重要杠杆力量，提升中国经济的参与国际竞争的能力。

放眼世界，国家间政治经济联系达到百年未有之紧密，各国相互依存的程度不断加深。自由贸易使贸易全球化、生产全球化达到了前所未有的程度，全球贸易的 80％ 由全球价值链贡献。企业间、国家间的紧密联系和彼此依赖达到唇亡齿寒的程度。新兴国家群体性崛起，南北国家实力对比发生巨大变化。西方主导的国际体系与全球治理格局正在发生巨大改变。中国能否在新科技革命的激烈竞争中勇立潮头，取决于科技发展战略能否顺利实施、科技创新制度是否完善、科技人员培养体系是否科学。走创新发展之路，科技战略、创新制度、人才体系缺一不可。将中国庞大的市场规模和人口优势，作为化解国内外各种风险的有效防线，提升防范应对各类风险挑战的水平。扩大进口和开放，一方面契合了人民对美好生活的向往，另一方面也体现了中国的大国担当和市场实力，庞大的市场规模和人口优势是二者有机结合的基础。当前，我们要把中国市场的规模优势研究清楚，利用好、规划好这个优势。大变局在带来大变数的同时，也带来了大机遇。正是为了更好地因应变局走势，更需要我们继续深化改革，加快社会主义市场经济体制建设，加快构建更加完善的要素市场化配置的体制机制，为经济运行肌体赋能，建设现代化经济体系，贯彻新发展理念，全面提升经济运行质量，提高参与全球竞争的能力和实力。稳健推进现代化发展进程，按照党的十九大所谋划的"分两步走"，实现现代化的战略目标。

建设现代化经济体系，也是全面贯彻新发展理念，构建经济社会发展新格局，实现高质量发展的重要工作内容。前已述及，现代化经济体系的建构和动态运行中，无论是经济活动主体还是它们之间的分工合作、经济活动的不同层面和不同领域、经济运行的质量效益和动态优化等方面都表现出富有活力和可持续能力。正是在中国特色社会主义发展道路的丰富实践中，逐渐积累形成对于经济社会发展经验的提炼所得到的"五大发展理念"，即"创新、协调、绿色、开放和共享"，作为指导我们在新发展阶段开展各项工作的具体指导原则，与建设现代化经济体系的具体工作内容有机结合起来，促进"五大发展理念"内生地融入全体社会成员的自觉意识和行为方式之中，特别是各级政府官员在处理经济社会发展、衡量资源配置和各项具体经济工作的抉择和决策参照标准，使重视和贯彻新发展理念与建设现代化经济体系的具体工作内容有机地结合起来。

# 三、明确建设现代化经济体系对高质量发展的意义和工作目标重点

党的十八大以来，围绕全面深化改革各项工作任务的落实，依据"五位一体"总体布局和"四个全面"战略布局，我国转变经济发展方式，从关注经济增长速度转向注重经济发展质量。基于对长期经济发展谋划的工作经验，党的十八届五中全会通过的《关于十三五规划建议》中，明确提出"创新、协调、绿色、开放和共享"新的五大发展理念，为中国经济转向高质量发展新发展阶段提供了理念指导。正如党的十九大报告所指出的，中国经济"正处在转变

发展方式、优化经济结构、转变增长动力的攻关期"，将"建设现代化经济体系"作为跨越"关口"重要工作"抓手"，有助于保证新时期经济发展战略目标的实施实现。

联系全面深化改革，推进现代化经济体建设，就是要充分发挥市场在配置资源中的决定性作用，更好地发挥政府作用。为此，必须加快完善社会主义市场经济体制，坚决破除各方面体制机制弊端，实现市场机制有效、微观主体有活力、宏观调控有度，激发全社会创新创业活力，不断增强和保持经济的创新力和竞争力。在这样的经济体制条件下，以供给侧结构性改革作为工作主线，着力六个方面工作目标重点。

一是建设创新引领、协同发展的产业体系。经过多年努力，我国已经建立比较完整的产业体系，但大而不强，产业结构高度化不够，大量中低端产品普遍过剩与有效供给不足的矛盾比较突出，实体经济与金融、房地产发展结构性失衡，不适应人民群众日益增长的美好生活需要。为此，必须在"质量变革、效率变革和动力变革"三个方面发力，坚持质量第一、效益优先，着力提升产业创新力和竞争力，使科技创新在实体经济发展中的贡献份额不断提高，现代金融服务实体经济的能力不断增强，人力资源支撑实体经济发展的作用不断优化，实现实体经济、科技创新、现代金融、人力资源协同发展。

二是建设统一开放、竞争有序的市场体系。目前，我国现代市场体系建设已取得长足进展，但还不完善，如要素市场建设相对滞后、公平竞争的市场环境有待完善等。为此，必须深入推进劳动力、资本、土地、能源电力等领域的市场化改革，实现市场准入畅通、市场开放有序、市场竞争充分、市场秩序规范，加快形成企业自主经营公平竞争、消费者自由选择自主消费、商品和要素自由流动平等交换的现代市场体系。

三是建设体现效率、促进公平的收入分配体系。当前，在我国国民经济运行中，分配环节存在问题，主要表现是收入分配差距依然较大。由此带来的结果是，需求潜力巨大与有效需求不足的矛盾比较突出。为此，必须深化收入分配体制改革，推进基本公共服务均等化，逐步缩小收入分配差距，实现收入分配合理、社会公平正义、全体人民共同富裕。

四是建设彰显优势、协调联动的城乡区域发展体系。目前，我国城乡发展、区域发展差距依然较大，不平衡不充分发展的问题比较突出。为此，必须大力实施乡村振兴战略、区域协调发展战略，培育和发挥区域比较优势，加强区域优势互补，实现区域良性互动、城乡融合发展、陆海统筹整体优化，塑造区域协调发展新格局。

五是建设资源节约、环境友好的绿色发展体系。绿色循环低碳是广大人民群众日益增长的美好生活需要，也是当今世界经济发展的潮流。必须牢固树立和践行绿水青山就是金山银山理念，加强资源节约利用和环境保护，实现绿色循环低碳发展，形成人与自然和谐发展的现代化建设新格局。

六是建设多元平衡、安全高效的全面开放体系。一个充满活力的经济体系必然是开放型的。必须统筹国际国内两个大局，坚持对外开放的基本国策，发展更高层次的开放型经济，推动开放朝着优化结构、拓展深度、提高效益方向转变。

明确工作目标重点，推进现代化经济体系建设，要求新发展阶段经济工作的各个层面和各个领域全面转向高质量发展，体现出六个方面的工作要求和主要特征：

第一，更高效益的经济水平和经济增速。中国现在已成为世界第二大经济体。作为国际上举足轻重的大国，中国的经济增速保持世界前列，人均收入持续增长，进入高收入阶段，建设实体经济、科技创新、现代金融、人力资源协同发展的产业体系，全要素生产率大大提高。

第二，更高质量的经济增长方式。要以科技驱动代替要素驱动，形成以创新为引领发展第一动力的创新型国家，发展循环经济，实现经济增长与排放污染"脱钩"，建成人与自然和谐共生的绿色经济模式。这就意味着中国将进入全面创新时代、绿色发展时代，将成为包括科技强国、质量强国、航天强国、网络强国、交通强国、数字国家、智慧社会等在内的创新型国家。

第三，更平衡的区域和城乡发展格局。国家战略规划、跨地区战略规划、区域性战略规划衔接有序、配合有效。这就意味着区域协调发展机制更加成熟，生产要素的配置和流动更为有效，跨地区的转移和互助机制逐步成型，形成以城市群为主体的大中小城市和小城镇协调发展的城镇格局，具有较高的农业综合生产能力、完善的现代农业产业体系、融合的城乡发展体制、现代化的农业科学技术，农村居民收入与城市居民收入同步增长，并较快提高。

第四，更完善的市场经济体制。并非西方当代的市场经济体制才是现代市场经济。新时代中国特色社会主义市场经济，其主要特征是要让市场在资源配置中起决定性作用，同时更好地发挥政府的作用。市场和政府的"两只手"都要起作用，这是中国发展的优势所在。"更完善的现代市场经济体制机制包括更具活力的市场调节机制、更具竞争力的国有资产管理体制、更有效率的政府服务体系以及更加安全有效的宏观调控与政策协调机制。"

第五，更全面的对外开放。我国经过40多年的改革开放，社会主义市场经济体制不断完善，需要进一步加快完善社会主义市场经济体制。经济体制改革必须以完善产权制度和要素市场化配置为重点，实现产权有效激励、要素自由流动、价格反应灵活、竞争公平有序、企业优胜劣汰，推动形成全面开放新格局；形成陆海内外联动、东西双向互济的开放格局；成为贸易强国、对外投资强国，具备一批全球贸易中心、研发中心，以及面向全球的创新合作、产能合作、服务合作、投融资合作网络。

第六，更完善的现代化产业体系、空间布局结构和协调程度。现代化产业体系，在中国作为发展中大国的语境下，是指要全面构建比较稳固的现代农业基础、比较发达的制造业，尤其是高级装备制造业以及门类齐全、迅速发展的现代服务业，总体要求是技术进步在发展中的贡献份额不断得到提高，产业国际竞争力不断得到增强。建立这样的现代化产业体系，是现代化经济体系的物质基础。进一步建设现代化空间布局结构和协调程度，打造国土资源利用效率较高、要素密集程度较大、生态容量适度、城市群落连绵、区域发展差距较小的生产力布局结构。

对于经济体系和现代化经济体系的具体建构内容的理解，将之放在与中国正在推进的全面深化改革相联系起来加以考察，即对于经济体系自身如何发育不断走向成熟，作为中国经济社会实现全面小康进而开启两阶段实现社会主义现代化征程的经济体系载体，承担并发挥实现现代化的相应功能。围绕建设现代化经济体系，学术界围绕其具体构造内容的研究都是围绕着产业体系、市场体系、收入分配体系、城乡区域发展体系、绿色发展体系和全面开放体系加以具体展开讨论的。如前所述，正是国民经济运行活动内容的具体构造和功能的有机耦合建构形成经济体系，以这些建构内容的活力和效能发挥来表现其所具有的体系质量从而反映出现代化水平。进一步的分析表明，决定经济体系的构造和功能质量的关键是经济体制的动态优化能力。正如党的十九大报告所描述的"市场机制有效、微观主体有活力、宏观调控有度"，概括了社会再生产的动态发展在资源配置、经济运行中的微观主体和宏观调控等方面各类经济主体都各得其所、分工合作、竞争有序、既有活力，又有效率；经济社会发展在产业结构优化和技术进步升级能力、城乡区域协调发展、经济发展与资源环境可持续和处理安全高效的全面开放等方面的制度都得到不断完善，共同汇聚形成国家治理体系和治理能力的现代化。

基于以上对于现代化经济体系的内涵的理解，联系中国经济发展新阶段、新格局的大背景，特别是对接"十四五"开局，迈向建设中国特色社会主义现代化国家新征程，我们在本书的讨论将围绕国家治理体系和治理能力现代化建设要求展开，着重对建设现代化经济体系的工作基础、工作主线和重点、作为经济体系本体的产业体系、如何处理政府与市场关系作为经济体制改革的关键、以新发展理念指导落实现代化经济体系建设等展开讨论。

引论，对现代化经济体系的内涵做出学理性解释讨论，联系中国经济发展进入新阶段、面临新格局，深刻理解建设现代化经济体系的工作目标重点和工作要求，为深入讨论建设现代化经济体系的理论内容做出铺垫。

第一章，现代化经济体系建设的扎实基础。通过对40多年改革开放驱动经济持续健康高速发展的历程加以回顾总结，揭示中国经济快速发展奇迹发生背后的秘密。中国在经济快速发展进程中对外开放、参与国际分工、融入全球化潮流，在经济总量快速增长的同时，产业结构不断优化、经济技术能力水平有了明显提高、国际竞争能力不断增强，为转向高质量发展，建设现代化经济体系打下扎实的基础。

第二章，现代化经济体系建设的工作主线和重点。具体讨论根据高质量发展的工作要求，通过以"质量第一、效率优先"为工作基准，通过质量变革、效率变革和动力变革，以供给侧结构性改革为主线，以质量变革、效率变革、动力变革为杠杆，提高全要素生产率，建设现代化经济体系，不断增强经济创新力和竞争力。

第三章，建设协同发展的产业体系。联系现实国情和社会主要矛盾变化，根据高质量发展、实现产业升级，提高参与国际市场竞争能力的工作要求，打造实体经济、科技创新、现代金融和人力资源协同发展的产业体系，对现代产业体系建构的逻辑关联及内涵展开讨论。回答三个方面理论和实践关心的问题，即：我国需要什么样的产业体系？为什么要强调协同发展？如何构建协同发展的产业体系。

第四章，建设有利于现代化经济体系运行的体制环境。具体讨论推进现代化经济体系的建设，需要相应的经济体制与经济发展环境。与此同时，以经济体制改革牵引全面深化改革，也是建设现代化经济体系工作任务自身包含的内容，着力构建市场机制有效、微观主体有活力、宏观调控有度的经济体制。以此作为经济体制改革目标，意味着我国接下来的改革深化推进，必须以完善产权制度和要素市场化配置为重点，实现产权有效激励、要素自由流动、价格反应灵活、竞争公平有序、企业优胜劣汰。

第五章，以新发展理念指导落实现代化经济体系工作任务。围绕当前经济发展的重点任务和对接中长期发展战略展开讨论。其中包括：推进落实供给侧结构性改革，重视要素组合效率和发展质量，促进经济调控理念观念的转变和调控操作方案的转变，培育新的经济发展动能和新的经济增长点；重视科技创新投入和科技成果转化应用，促进经济发展从过度倚重有形要素投入的粗放方式转变为更多依靠要素组合效率的集约方式；重视乡村振兴战略和区域协调发展战略，保持区域城乡空间经济结构平衡发展。以全面深化改革和高水平对外开放驱动经济保持高速、高质量、可持续发展。

# 第一章　现代化经济体系建设的扎实基础

　　肇始于 1978 年底党的十一届三中全会所确定的改革开放，以经济体制改革牵引中国经济社会的变革转型，创造了 40 多年来经济快速持续稳定增长发展的奇迹，进入 21 世纪第一个十年后，中国经济总量快速跃升成为世界第二大经济体。经济的快速增长，一方面极大地改变了中国的面貌，另一方面重塑了世界的经济格局。中国成功地从一个封闭的农业国，转变为全球最大的工业制造国，并积极高度融入全球经济；中国人民的生产方式、生活方式和思维方式发生了颠覆式的变革。伴随经济体制转轨进程，经济活动主体自身和它们之间的合作竞争关系乃至于整个经济体系都产生了诸多实质性的变化和内在机制的发育，朝着现代化建设的目标要求先行。为了更好地对建设现代化经济体系这一研究主题展开讨论，本章将首先给出中国改革开放的整体图景，并分析改革开放、驱动经济高速发展的逻辑和原因；其次，将总结 40 年来改革开放高速发展的特点和成就；最后，将分析经济发展面临的转型关口——跨越"中等收入陷阱",并分析与之关联的核心问题——转变发展方式,即从速度型发展转向质量型发展。

# 一、改革开放驱动经济高速发展

## 1. 中国改革开放的历史背景和经济基础

新中国成立之后,中国历经了三年国民经济恢复、围绕社会主义工业化建设和对生产资料所有制的社会主义改造、在农村推进农业集体化、对国民经济巩固调整等发展阶段,经济工作的主线是围绕着推进计划经济体制的确立建设。聚焦工业化建设主要任务,或者说国民经济结构比较简单背景下,计划经济体制发挥了巨大作用:改变了"一穷二白"经济发展面貌,基础设施建设迅速发展、农业生产条件有所改善,建立起相对独立完整的工业体系,并在军工方面获得不少突破,整个国家的综合国力和国际地位显著提升。

伴随着经济发展的进程,计划经济体制的缺陷和弊端逐渐显现。特别是由于主客观因素的制约,经济运行处在一种相对封闭的状态,中国经济发展与外部世界相对隔离,甚至在某些方面被外部世界远远抛下,处于一种相对落后的地位。有统计表明,1966—1976年,美国、日本、联邦德国、法国的国民生产总值分别增长了124%、345%、131%、212%,而中国仅增长了57.6%;美国、日本、联邦德国、法国和英国的人均国民收入分别增长了143%、413%、141%、

238%和239%，而中国仅增长了75%，<sup>①</sup>到1978年，中国人均国民收
入仅为196美元，不仅低于很多发达国家，而且低于很多发展中国家
（见表1.1）。经济增长乏力的一个重要原因是效率低下，以反映技术
进步的全要素生产率（TFP）来看，1952—1975年和1975—1981年
两个阶段，中国的全要素生产率为0.3和1.0，远远低于美国、日本、
苏联、韩国、巴西等国家的全要素生产率（见表1.2）。

**表1.1　1978年人均国民收入的国际比较**

| 国家类别 | 国　家 | 人均国民收入（美元） | 中国人均国民收入占其他国家人均国民收入的比例（%） |
|---|---|---|---|
| | 中　国 | 196 | |
| 发达国家 | 美　国 | 8514 | 2.3 |
| | 日　本 | 7093 | 2.8 |
| | 英　国 | 4949 | 4.0 |
| | 法　国 | 7888 | 2.5 |
| | 联邦德国 | 9275 | 2.1 |
| | 苏　联 | 2424 | 8.1 |
| 发展中国家 | 巴基斯坦 | 251 | 78.1 |
| | 泰　国 | 434 | 45.2 |
| | 赞比亚 | 401 | 48.9 |
| | 突尼斯 | 910 | 21.5 |
| | 巴　西 | 1482 | 13.2 |

资料来源：根据武力《中华人民共和国经济史》，北京：中国时代经济出
版社2010年版，第649—650页数据整理。

---

①　董辅礽：《中华人民共和国经济史（上卷）》，北京：经济科学出版社1999年
版，第583页。

表 1.2　20 世纪 50 年代至 70 年代中国与世界主要国家全要素生产率的比较

| 国家 | 时　　期 | TFP 增长率 | 国家 | 时　　期 | TFP 增长率 |
|---|---|---|---|---|---|
| 中国 | 1952—1975 年 | 0.3（－1.1） | 日本 | 1952—1964 年 | 5.1 |
| | 1975—1981 年 | 1.0（－0.3） | | 1966—1973 年 | 4.5 |
| 美国 | 1947—1960 年 | 1.4 | 韩国 | 1955—1960 年 | 2.0 |
| | 1960—1973 年 | 1.3 | | 1960—1973 年 | 4.1 |
| 苏联 | 1950—1960 年 | 1.9 | 巴西 | 1950—1960 年 | 3.7 |
| | 1960—1970 年 | 1.5 | | 1966—1974 年 | 1.6 |

注：中国括号内的数字是全要素生产率估计的最低值。

资料来源：根据杨德才《中国经济史新论（1949—2009）》，北京：经济科学出版社 2009 年版，第 231 页表中数据整理。

与此同时，计划经济体制和经济运行方式导致城乡严重分割。城乡间劳动力、资本等要素流动几乎停滞，城乡被割裂成两个缺乏联系的部门，城乡两个空间的彼此隔离、要素流动停滞，特别是农村富余劳动力无法向城市流动，导致了城市化进程缓慢。1949—1978 年，我国工业与农业的产值之比由 3∶7 变为 7.5∶2.5，但 1978 年，农业人口占总人口的比例仍然高达 84.2%，甚至超过了 1949 年 82.6% 的水平，农业劳动力仍占总就业劳动力的 70%，城市化率仅有 17.92%，低于 1960 年 19.75% 的水平。①

## 2. 中国改革开放的整体图景与阶段划分

1978 年改革开放以来，中国经济保持了 40 年年均近 10% 的增长。在中国改革开放探索初期，以农村家庭联产承包责任制为核心

———————

① 刘应杰：《中国城乡关系演变的历史分析》，《当代中国史研究》1996 年第 2 期。

的农村改革引领了中国改革。随后在 1984 年，以党的十二届三中全会通过的《中共中央关于经济体制改革的决定》为标志，改革的重点转向城市，以放权让利和扩大企业自主权为主要内容，围绕增强企业活力作为整个经济体制改革的中心环节。对比于传统体制的统收统支、统包统配，以利润留成为主要内容的经济责任制方式，扩大企业自主权，极大地调动了企业的积极性，允许企业在计划外自主采购、自主安排生产和自主定价销售，经济运行的活力和效率得到提高。与此同时，为了克服国民经济运行中长期存在的短缺现象，开放产业的准入，乡镇企业异军突起，此外，以建立经济特区和吸引外商投资的各类开发区，经济生活中出现的外资企业运营管理产生的直接的刺激力量，引发了对于经济运行效率的深入思考，进而对于经济运行中的资源配置方式采用计划还是市场方式的深入讨论。传统经济理论将这样的资源配置形式简单归结到社会经济制度规定性已经成为束缚改革手脚的桎梏。正是在这样的背景下，1992 年春天，邓小平同志在视察南方（从上海到广东）一路所发表的谈话，以具体的现场的多个案例，深刻阐释了计划和市场都是社会化大生产中资源配置的具体手段和方式。由此，摆脱僵化的理论认识，中国迎来了改革开放的新历史时期，在当年召开的党的十四大明确提出了以社会主义市场经济作为我国经济体制改革的目标模式，围绕建立社会主义市场经济体制，推进国有企业改革、财税体制改革、金融体制改革、对外贸易体制改革、外汇体制改革等多项改革，中国经济步入持续高速健康发展的新的历史阶段，尽管其间也遭遇到

1997年亚洲金融危机和2001年互联网泡沫破灭的冲击。2001年12月，中国正式成为WTO成员，中国对外开放翻开崭新一页。2003年党的十六届三中全会召开，承接上一阶段以建立社会主义市场经济体制为目标的改革，会议确定了下一阶段的改革任务是完善社会主义市场经济体制。从2003年开始，快速发展的服务业与城市化、市场化、全球化、工业化齐头并进，成为中国经济增长新引擎。2011年，中国常住人口城镇化率超过50%，这标志着中国完成了由以农村人口为主的农业国向以城市人口为主的现代工业国升级的任务。同年，我国服务业增加值占比超过工业，中国产业结构发生了巨大变化，经济服务化进程启动。2012年之后，中国经济增长逐步从高速增长转向中高速增长，开启了对内统筹推进"五位一体"总体布局和"四个全面"战略布局，对外推进"一带一路"建设和着力打造人类命运共同体为主要内容的中国特色社会主义新时代。

按照中国改革开放历程呈现出来的特点，以及党和国家对改革的重大决策和部署为时间节点，可以将中国改革开放和经济体制改革划分为五个阶段。

**第一阶段：农村改革引领中国改革起步阶段（1978年11月—1984年10月）**

面对计划经济执行过程中出现的严重问题和十年"文化大革命"导致国民经济难以为继的状态，国家于1978年底启动了市场化取向的改革，12月召开的党的十一届三中全会做出了实行改革开放的重大决策。实践中，改革发轫自1978年11月的安徽省凤阳县小岗村，家庭联产承包责任制释放了农民的生产积极性。农村微观经济体制变革在 1980 年 9 月召开的省、自治区、直辖市党委第一书记座谈会上得到认可，中央在 1981 年以 1 号文件的形式给予肯定。随后，农村经济改革席卷全国，到 1983 年底，共有 98％以上的农户实行了各种形式的承包责任制，其中实行包干到户的农户则达到 94.5％。①在此基础上，离土不离乡的乡镇企业也迅速发展起来，成为率先满足广大人民群众物质文化需要的改革先锋。

家庭联产承包责任制赋予了农民对土地的控制权、对生产的决策权和对收益的索取权，极大唤醒了广大农民的生产积极性，农业生产效率大幅度提高，粮食产量激增。1978—1984 年，在播种面积小幅下降的情况下，粮食、水稻和其他粮食作物的总产和单产的年均增长率都远高于 1970—1978 年的水平。经济作物的种植面积虽年均增长 5.1％，但实际产值年均增长高达 14.9％。②

国家迅速跟进，顺应了市场化改革的内在要求和农民改革意愿，短时间内陆续铺开多项改革，一是提高粮食收购价格，缩小工农业剪刀差；二是逐渐放开农村市场，发展多种经营，逐渐废除统购统销制度；三是调整农村经济组织架构，取消人民公社制度；四是放宽劳动力流动限制。得益于中国农民的伟大探索以及党和国家的伟

---

① 武力：《1949—2006 年城乡关系演变的历史分析》，《中国经济史研究》2007 年第 1 期。

② 黄季焜等：《制度变迁和可持续发展》，格致出版社、上海人民出版社 2008 年版，第 58 页。

大改革，"三农"问题得到初步改善，城乡关系向好发展，改革开放成效初显。

**第二阶段：以城市为重点的改革全面铺开阶段（1984 年 10月—1992 年 10 月）**

改革进行到 20 世纪 80 年代中期，率先开展的农村改革一定程度上打破了计划经济时代形成的城乡稳态，对城市形成了巨大冲击，从而倒逼城市开展改革，以适应农村改革。改革从农村转向城市，契合多种逻辑：一是契合市场经济追求效率的逻辑；二是契合中国由易到难、由点到面的渐进式改革逻辑；三是契合市场化改革下我国"二元结构"变化的逻辑。[①] 当时，大多数学者和主管经济工作的领导都认为城市改革是当务之急，具体改革应围绕增进企业活力、改革价格体系展开。

1984 年 10 月召开的党的十二届三中全会体现了这种改革思想。全会通过的《中共中央关于经济体制改革的决定》提出，"现在面临的任务，是在继续深入搞好农村改革的同时，加快以城市为重点的整个经济体制改革的步伐"，"坚决地系统地进行以城市为重点的整个经济体制的改革，是当前中国形势发展的迫切需要"。同时，强调"价格体系的改革是经济体制改革成败的关键"，提出了要"增强企业活力，特别增强全民所有制的大中型企业的活力，是以城市为重点的经济体制改革的中心环节"，明确提出要"发展社会主义商品经济"。

———————

① 吴丰华、韩文龙：《改革开放 40 年的城乡关系：自四阶段的考察》，《学术月刊》2018 年第 4 期。

此后，各项改革在城市全面开展：扩大企业经营自主权的放权让利改革始于四川，后来席卷全国，这项改革受到南斯拉夫自治企业制度的影响。在一个企业的层面，首钢成为了承包改革的典型。城镇居民收入分配体制改革改变了企业内部的工资分配形式，充分调动了城市职工的生产积极性。国有企业改革经过了"放权让利"改革（1978—1984 年）、"两权分离"改革（1984—1992 年）、产权制度改革（1992—2003 年）三个阶段，逐渐打破了国有企业一统天下的局面，初步形成了优胜劣汰的竞争机制。非公有制企业经过了政治高压下的艰难起步（1978—1982 年）、夹缝中求生存（1982—1997 年）、跨越式发展（1997—2003 年）三个阶段，发展迅速。[①]

可以看到，这一阶段的改革呈现出一个明显特点，即在不完全突破现行计划经济体制之外进行市场化改革，在增量维度谋求构建市场经济体制。所以，该阶段又可称为体制外的市场化改革阶段。

**第三阶段：建立社会主义市场经济体制阶段（1992 年 10 月—2002 年 11 月）**

中国经济经过 20 世纪 80 年代末 90 年代初的波动和低潮，在 1992 年迎来了新高潮，中国进入了体制内市场化改革的新阶段，旨在经济体制的内部建立社会主义市场经济制度。据此，有学者认为 1992 年是中国市场化改革元年。一系列标志性事件推动了这项改革，1992 年初，邓小平同志发表南方谈话；1992 年 10 月，党的十四大报告确立

---

① 这种关于国有企业和非公有制企业改革阶段的划分方法来自白永秀，任保平：《中国市场经济理论与实践》（第二版），高等教育出版社 2011 年版。

了建立社会主义市场经济体制的改革目标；1993 年 11 月，党的十四届三中全会通过了《关于建立社会主义市场经济体制若干问题的决定》。

具体内容方面，一系列改革同步推进。在财税体制改革方面，将原来的地方政府行政包干制改为中央和地方政府事权和财权分配更合理的分税制。在金融体制改革方面，建立了中央政府领导下独立执行货币政策的央行体制，实现银行的商业化经营，并组建三个政策性银行，承担原有国有银行的政策性任务。在国有企业改革方面，提出建立适应市场经济要求、产权清晰、权责明确、政企分开、管理科学的现代企业制度，并通过了《公司法》。1997 年党的十五大上，又对国有企业改革和非公有制经济发展作出了规定，一是缩小国有经济的范围，国有资本要逐渐从非国民经济的命脉领域退出；二是发展多种形式的公有制，寻找促进生产力发展的多种公有制实现形式；三是鼓励非公有制经济发展，使之成为社会主义市场经济体制的重要组成部分。在对外开放改革方面，2001 年中国正式加入 WTO，实现全面对外开放。

这一阶段，围绕建立社会主义市场经济体制的若干项改革同步推进，对外开放取得了突破性进展。这一时期可以称之为体制内市场化改革阶段。

**第四阶段：完善社会主义市场经济体制阶段（2002 年 11 月—2012 年 11 月）**

进入 21 世纪之后，为适应经济全球化和科技进步加快的国际环境，适应全面建设小康社会的新形势，我国将改革重点从建立社会主义市场经济体制转向完善社会主义市场经济体制，并要建设更具活力、更加开放的经济体系。标志性事件是 2002 年 11 月召开的党的十六大和 2003 年 10 月党的十六届三中全会上审议通过的《中共中央关于完善社会主义市场经济体制若干问题的决定》。提出要按照"五统筹"[①]要求，完善社会主义市场经济体制，其主要任务包括：完善公有制为主体、多种所有制经济共同发展的基本经济制度；建立有利于逐步改变城乡二元经济结构的体制，形成促进区域经济协调发展的机制；建设统一开放竞争有序的现代市场体系，完善宏观调控体系、行政管理体制和经济法律制度；健全就业、收入分配和社会保障制度，建立促进经济社会可持续发展的机制。

具体来说，我国采取了一系列改革举措。2005 年 7 月，国家进行了汇率制度改革，从固定汇率向有管理的浮动汇率进行改革转型。2006 年起，中国完全取消了农业四税（农业税、屠宰税、牧业税、农林特产税），在中国延续了千年的农业税被取消，农民负担大大减轻。同时，积极推进农村的社保体系建设。2008 年全球金融危机爆发，国家相机抉择采取积极财政政策，并配合金融创新，以 4 万亿元的中央政府投资带动地方政府跟进，积极投资基础设施建设和城市化发展。

**第五阶段：中国特色社会主义新时代全面深化改革阶段（2012 年 11 月至今）**

经过前四个阶段的改革，中国经济进入了新常态。虽然取得了

---

① 包括"统筹城乡发展、统筹区域发展、统筹经济社会发展、统筹人与自然和谐发展、统筹国内发展和对外开放"。

举世瞩目的改革成效，但中国经济发展中不平衡、不协调、不可持续的问题十分严重，社会上下对改革滞后的严重性已非常清楚。急需回答"改革从哪里突破"、"应采取哪些措施"等问题，亟待明确下一阶段改革的路线图和时间表。[①] 这些问题在 2012 年召开的党的十八大上得到了初步回答，并在 2013 年 11 月召开的党的十八届三中全会审议通过的《中共中央关于全面深化改革若干重大问题的决定》得到了系统阐述。

在改革实践中，加强党对经济工作的集中统一领导，坚持以人民为中心的发展思想，统筹推进"五位一体"总体布局和协调推进"四个全面"战略布局；适应把握引领经济发展新常态，以创新、协调、绿色、开放、共享五大发展理念统领发展；坚持使市场在资源配置中起决定性作用，更好发挥政府作用，坚决扫除经济发展的体制机制障碍；坚持适应我国经济发展主要矛盾变化完善宏观调控，相机抉择，把推进供给侧结构性改革作为经济工作的主线；在逆全球化中高举全球化大旗，倡导和推动共建"一带一路"，积极引导经济全球化朝着正确方向发展，积极构建人类命运共同体。

这一阶段以习近平同志为核心的党中央带领全国人民成功驾驭了我国经济发展大局，在实践中形成了以新发展理念为主要内容的习近平新时代中国特色社会主义经济思想。可以说，这一阶段的改革是新时代下的全面改革，突出特征有三个：一是突破经济体制改

---

① 夏斌：《中国经济改革：逻辑与行动框架》，载《读懂中国改革：新一轮改革的战略和路线图》，中信出版社 2014 年版，第 213 页。

革的范围，使改革从单向维度走向多元维度；二是突破政府与市场的简单二维，转而树立以人民为中心、以党的绝对领导为根本制度、以国家与市场为主体的复杂多维；三是颠覆中国适应和融入世界经济的旧全球化秩序，转向中国积极参与全球治理，提出建设人类命运共同体的新全球观，主动引领建构新的世界经济秩序。

总结中国改革开放的实践，准备转轨的中国在最初经历了危机和重创，受重大历史事件影响，对传统思想观念批判和要求变化的强烈社会共识逐步形成，这使得改革开放的新思想获得了光电一般的传播速度。在以市场化取向改革为主线，每个阶段各有侧重的改革引领之下，在"摸着石头过河"的方法论鼓励下，成功的案例、试点和各种激励不断积累，相互激发，铸就着不可逆转的发展趋势，持续和超常规的增长成为中国改革开放的标志性特征。[1] 而且，这一奇迹仍将持续。国家"十三五"规划中提出，在 2016—2020 年间，我国保持年均 6.5% 以上的增长；到 2020 年，我国 GDP 总量达到 101.5986 万亿，实现全面建成小康社会，全部贫困人口脱贫的目标，这将是中国经济增长中的又一新奇迹。那么，奇迹到底是如何造就的？下节将继续分析。

### 3. 改革开放驱动经济高速发展的机理分析

经济增长和经济发展的永恒主题是，为什么有些国家和地区由穷变富，以及如何实现由穷变富，同时，又怎样防止富国由盛到衰。

---

[1] 刘鹤：《中国的增长奇迹没有画上历史的句号》，载《中国经济 50 人看三十年》，中国经济出版社 2008 年版。

这是一个必须加以正视和回答的命题。正如刘鹤副总理所言，"发展似乎是有规律的历史现象，但发展的原因有时让人困惑，发展的结果往往出乎意料"，[①] 那么，中国经济增长的奇迹到底是如何造就的？回答这些问题，学术界已经形成以下几种主要观点：

**第一，以比较优势和有为政府来解释中国经济奇迹。**林毅夫等（1999）以诱发性制度变迁理论为框架，以比较优势理论为主要分析工具，来分析中国的发展战略、经济体制、渐进式经济改革和经济发展的关系。[②] 其在后来的《新结构经济学》中强调从每一个时点给定，但随时间可以变化的要素禀赋（某个国家在每一时点的总预算）和其结构（内生决定要素的相对价格）为切入点来动态分析一个国家的经济结构和结构变迁。但问题是，这一理论"虽然破除了自由主义对市场和国家、经济和政治的关系认识上的教条，但在纯理论上，却依然使用了属于市场经济 1.0 理论的比较优势学说，这二者是矛盾的"。所以，"林毅夫的话语转换是不彻底的……多少遮蔽了他在理论上的创新成果"。[③]

**第二，以"政治锦标赛"和"行政发包制"理论来解释中国奇迹。**"政治锦标赛"理论（2004、2007）聚焦地方政府之间的横向

---

① 刘鹤：《中国的增长奇迹没有画上历史的句号》，载《中国经济 50 人看三十年》，中国经济出版社 2008 年版。

② 林毅夫、蔡昉、李周：《中国的奇迹：发展战略与经济改革》，格致出版社、上海三联书店、上海人民出版社 1999 年版。

③ 孟捷：《在必然性和偶然性之间：从列宁晚年之问到邓小平和习近平的经济学》，《学习与探索》2018 年第 4 期。

竞争，"行政发包制"理论（2012、2014）则聚焦上下级政府之间的"委托—代理"关系。该理论试图打开中国政府运作过程的"黑箱"，从政府治理角度构建一种理论框架，同时解释中国的经济增长奇迹和增长中出现的各种负面问题。

拉莫（2004）、张五常（2009）[①]和史正富（2013）[②]的研究虽视角不同，但基本都在"政治锦标赛"的分析框架下展开。美国学者拉莫（Joshua Cooper Ramo）于2004年出版《北京共识》（The Beijing Consensus）一书，试图提供一个"华盛顿共识"的替代方案。他最早从理论上说明了中国模式不仅优于西方模式，而且优于东亚模式，原因是中国地方政府之间的竞争，使中国经济增长充满活力。他总结了可供发展中国家借鉴的三点中国经验：创新驱动力、发展正义（协调发展）和发展对外关系。张五常聚焦县域竞争，认为县域竞争是中国经济高速增长的"密码"，"由于县的经济权利最大，这一层的竞争最为激烈，今天的县无疑是一级商业机构了"。而且，"实际上县的制度对鼓励竞争犹有过之，他们需要对上层做交代或报告。上层不仅鼓励竞争，他们强迫这种竞争的出现"。史正富则聚焦地方政府因相互竞争而发生的作用变异，提出了新的市场经济三主体——中央政府、企业化的地方政府和企业，并认为这种"三维市场体制与西方常规市场体制相比，确实具有优越性"。

这一理论的问题在于，它规避了地方政府收入的经济性质这一

---

① 张五常：《中国的经济制度》，中信出版社2009年版。
② 史正富：《超常增长》，上海人民出版社2013年版。

问题；更注重解释个别官员、而不是政府的行为，导致其更像一个关于官员升迁的政治学理论，而不是政治经济学理论；倾向于将地方政府的作用局限于界定产权、监督合同的履行等在节约交易成本方面所起的作用，从而维护了市场和国家、经济和政治在制度上的截然两分，而这还停留在市场经济 1.0 理论当中。①

**第三，以东亚奇迹理论来解释中国改革开放后的经济增长。**查默斯·约翰逊、禹贞恩等学者对日本通商产业省、韩国经济企划院的研究发现，部分东亚国家的经济起飞过程与新自由主义所倡导的模式和路径大相径庭，政府在经济发展中发挥了主导作用，特别表现为政府制定产业政策，对一部分产业进行重点扶持，通过干预把投资引向那些战略性部门。②③后来很多学者也将中国归于此类，用发展型国家来解释中国经济的快速增长。林毅夫与张维迎的产业政策之争本质上也是这个问题的回响。④

**第四，以科斯等为代表提出的边缘革命理论。**科斯认为，中国的改革实际上是从深圳、温州、小岗村这样的边缘地带发起的，政府再对这些基层的自主改革予以合法化，进而加以推广。⑤与前三种解释中政府均发挥巨大作业不同，边缘革命理论认为正是政府放

① 孟捷：《在必然性和偶然性之间：从列宁晚年之问到邓小平和习近平的经济学》，《学习与探索》2018 年第 4 期。

② ［美］约翰逊：《通产省与日本奇迹——产业政策的成长（1925—1975）》，吉林出版社 2010 年版。

③ ［美］禹贞恩：《发展型国家》，曹海军译，吉林出版社 2008 年版。

④ 熊易寒：《解释好中国奇迹　理解透中国崛起》，《文汇报》2017 年 5 月 30 日。

⑤ ［美］科斯：《变革中国》，中信出版社 2013 年版。

权才释放了市场和社会的活力，促进了经济的长期增长。

总结以上解释中国经济奇迹的理论，并结合中国实际，可以发现，中国改革开放关键是坚持了以人民为中心的社会主义建设的总方向，走出了中国特色社会主义市场经济道路。其中，有几个方面值得格外强调：

**一是坚持市场化取向的改革方向**。在改革开放初始阶段，全国上下集中反思计划经济和"文化大革命"的教训，形成了强烈的谋求变革和发展的思想共识。在之后的改革历程中，虽有数次思想波动，但党的几代领导核心保持了清醒的头脑和足够的定力，能够在关键时刻挺身而出，坚定全党全国走市场化取向的改革开放的信心，从1992年初的邓小平同志，到党的十五大上的江泽民同志，再到党的十八届三中全会上的习近平同志，都是如此。在党的十八届三中全会上，习近平总书记明确提出："不走封闭僵化的老路，不走改旗易帜的邪路，坚定走中国特色社会主义道路，始终确保改革正确方向。"[①]

**二是坚定不移实施对外开放政策**。中国改革开放之初的时代，恰是国别经济走向全球经济的转折时期，发达国家的制造业已经无力承受高福利和劳动力价格高企的成本负担，大量产业需要转移，世界比任何时候都需要中国。[②] 中国巨大的人口红利、计划经济时

---

① 习近平：《中共中央关于全面深化改革若干重大问题的决定》，人民出版社2013年版。

② 刘鹤：《中国的增长奇迹没有画上历史的句号》，载于《中国经济50人看三十年》，中国经济出版社2008年版。

代打下的良好工业基础，都为中国快速融入世界产业链和价值链、成为世界工厂奠定了良好基础。不同于拉美国家采取进口替代型战略，中国将开放作为基本国策，坚决执行出口导向型战略。而且，中国的开发战略是务实、渐进的，从开放思想和理论的传播、新产品的引进，到对外贸易的扩大和利用外资的拓展，然后到全面对外开放和加入世界贸易组织。

**三是保持了高度的稳定性**。首先是政治稳定，这是最重要的。中国改革开放 40 多年，世界政局并不稳定，特别是谋求向高收入国家进军的发展中国家，先后遭遇拉美陷阱、东南亚危机、中亚东欧的颜色革命、中东阿拉伯之春等。某种程度上，发展中国家所面临的最大挑战不是发展，而是政治难以始终稳定。反观中国，在这 40 多年间，除了极个别时期外，政治保持了绝对稳定，进而带来了政策的稳定和预期的稳定。其次是宏观经济的稳定性。考察新中国成立以来的中国经济增速可以发现，在改革开放之前，中国经济波动幅度极大；而在改革开放之后，波动幅度明显收窄，呈现平均速度高、经济波动小的"高位收敛"状态。最后是社会稳定。社会稳定源自中国共产党所一直倡导的以人民为中心的发展思想，从构建和谐社会到精准扶贫和精准脱贫，从持续的收入分配改革到党的十九大对我国主要矛盾的新认识，都试图协调社会不同群体的利益和化解他们之间的尖锐矛盾。社会稳定提供了一个保证经济高速、可持续增长的基本社会环境。

**四是较好地处理了政府与市场的关系**。突破了西方经济学和既有治理框架中简单的"政府—市场"二维向度，中国很好地梳理了"执政党—中央政府—地方政府—企业"四者之间的关系，并将处理它们之间的关系落脚在了以人民为中心的发展理念上，实现了从抽象二维向更贴近现实的多维的转变。孟捷（2018）指出，习近平总书记对社会主义市场经济特点的概括，即"政治的经济化"和"经济的政治化"，则指向市场经济 3.0 理论的本质特征。当代中国社会主义政治经济学就是市场经济 3.0 理论，其强调政治权力也可以承担生产关系的功能，从而嵌入经济之中，以及在企业之外，要正视国家（甚至党）和地方政府作为经济主体的作用。① 正因为较好地处理了多方关系，中国还得以成功应对全球化的挑战和西方意识形态的冲击。

**五是中国传统文化的部分特质契合了市场化改革和对外开放的内在要求**。对这一问题，刘鹤曾论述，"中国古老的文化传统在改革开始就起到重要作用，主要是按照循序渐进的传统和中庸文化特点摸索改革路径"。② 我们认为，中国传统文化至少有四个方面是高度适应并契合一个发展中国家的市场化崛起之路：首先，中国文化具有高度的包容性，这十分有利于包容开放后外来的各种新事物和新思想。其次，中国作为儒家文化的发源地，传统文化中高度重视教育，这为中国储备了数量巨大的各层次人才，一旦有了改革开放这

---

① 孟捷：《在必然性和偶然性之间：从列宁晚年之问到邓小平和习近平的经济学》，《学习与探索》2018 年第 4 期。

② 刘鹤：《中国的增长奇迹没有画上历史的句号》，载《中国经济 50 人看三十年》，中国经济出版社 2008 年版。

样的契机，中国巨大的人力资本储备就可以发挥作用。这也很好地解释了为什么深受儒教影响的东亚地区为何能出现经济增长的东亚奇迹。再次，中国人民是世界上最勤劳的民族之一，这一特性帮助中国迅速融入世界分工体系，以低劳动力成本优势获得了超强的竞争力，最终成为世界工厂和世界第一贸易大国。最后，中国传统文化当中非常重视储蓄，在封建经济中，在工商业获得的资金最终进入土地市场；但是一旦市场经济时代来临，国人偏好储蓄的习惯帮助中国获得了源源不断的投资基金和积累基金。

## 二、40多年高速发展的成就与特征

现代经济增长的主要特点是人口和经济高增长，且经济增长明显快于人口增长，出现人均产出或收入水平的明显提高。当一个国家或地区人均产出或收入增长率持续超过1%时，就视为现代经济增长；当这一增长率持续超过3%时，就视为出现了高增长，即出现了经济起飞。[①]所以，中国经济增长绝对称得上高速奇迹。除高速增长之外，40多年间，中国成功地从一个封闭的农业国转变为全球最大的工业制造国，又从快速的工业化迭代进入快速的城市化。总结中国改革开放40年的高速发展，成就惊人。

---

① 胡鞍钢：《现有理论为何难以解释中国奇迹》，《人民论坛》2008年第4期。

　　**改革开放 40 多年来，中国经济高速增长，并重塑了世界经济格局**。1978 年中国名义 GDP 仅为 0.37 万亿元人民币，2017 年中国名义 GDP 高达 82.7 万亿，增长超过 220 倍。1978 年，中国占世界 GDP 总量 2.25％，而 2017 年占到世界 GDP 总量的比重已超过 15％。自 2010 年超过日本，中国已经牢牢占据世界经济总量的第二把交椅，现在已经是日本 GDP 总量的 2.9 倍，中国追赶美国的脚步也在不断加快，中国 GDP 占美国的比重从 1978 年的 9％上升到 2017 年的约 63％。在 40 多年来的各个阶段，中国经济都是世界经济增长的"领头羊"。[①]2016 年，中国带来了全球经济增长的 41％的贡献，成为世界经济增长的主要动力源和稳定器。[②]而且，作为人口大国，中国人均 GDP 较低的状况也在改变，1978—2016 年，中国人均 GDP 相当于世界人均 GDP 的比例从 22.1％上升至 88.3％。[③]到 2020 年，我国的人均 GDP 达到 10500 美元，超过了全球人均 GDP 水平。[④]

　　近几年来，中国经济增长呈现新特征，经济步入新时代。2008 年国际金融危机爆发后，中国经济曾经出现过一次小幅上扬（2010 年第一季度 GDP 增速达到 11.9％），从 2010 年三季度开始，中国经济增速逐季减缓，中国经济从高波动、高增长走向了低波动、中高速增长的成熟经济增长的新常态。（见图 1.1）

---

　　[①③]　参见张平、楠玉：《改革开放 40 年中国经济增长与结构变革》，*China Economist* Vol.13，No.1，January—February 2018。

　　[②]《实现历史性变革迈向高质量发展——党的十八大以来我国经济社会发展成就述评》，《新华每日电讯》2017 年 12 月 18 日。

　　[④]　新浪财经，2020 年 8 月 10 日。

**图 1.1　2010—2017 年中国季度经济增长速度**

数据来源：根据国家统计局数据整理制图。

　　**伴随着中国经济高速增长的是中国产业结构的迭代升级**。据世界银行数据显示，在改革开放之初，中国服务业占 GDP 比重为 24.6％，这一数值不仅低于世界主要发达国家，而且低于巴西、阿根廷、韩国、马来西亚、菲律宾等发展中国家。到 2016 年，中国服务业占 GDP 比重已经上升至 51.6％，2020 年达到 55.4％，已经超过上述发展中国家，和世界主要发达国家的差距也在缩小（见图 1.2）。中国产业结构升级的另一个表现是中国制造业和工业的快速发展。经过 40 年发展，中国制造正在逐步实现由大到强、提质增效、迈向中高端的历史跨越。仅 2017 年，我国首款大型水陆两栖飞机"鲲龙"AG600 和 C919 大型客机成功首飞，全球最先进超深水双钻塔半潜式深海钻井平台"蓝鲸一号"在南海成功试采可燃冰，骨科手术机器人达到国际先进水平并已在医院批量应用，"复兴号"中国标准动车组在京沪高铁正式上线运营，推动制造强国建设再上新台阶。

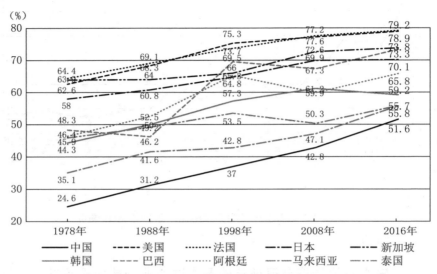

**图 1.2　中国与其他经济体各阶段服务业占比情况**

资料来源：世界银行 WDI 数据库、前瞻数据库。

**在制造业发展的带动下，中国对外贸易和对外开放水平不断提高。** 1978 年，中国货物贸易进出口总额为 206.4 亿美元。中国加入世界贸易组织前一年，即 2000 年，中国进出口总额为 4743 亿美元。中国正式加入 WTO 之后，最大程度上开放了对外贸易，这一数值也上升至 3.95 万亿美元，连续 4 年成为世界第一贸易大国。1952 年，中国出口额占世界出口额的比重为 1%，1978 年反而下降到 0.8%，2016 年这一比例已经上升到 13.2%。

**和中国产业升级和制造业发展相伴生的是中国城镇化的快速发展。** 改革开放至今，中国城镇化大体经过了三个阶段：第一阶段是城镇化启动阶段（1978—1985 年），农村经济体制改革推动了城镇化的发展，出现了"先进城，后建城"的现象，城镇化率由 1978 年的 17.92％上升到 1985 年的 23.71％。第二阶段是城镇化缓慢增长阶段（1986—1995 年），这一阶段工业化对城镇化的推动作用比较明显，但这种工业化更多表现为"离土不离乡"的乡镇企业发展，所以城镇化增速明显低于工业化推进速度。1995 年，城镇化率上升至 29.04％，年均仅提高 0.53 个百分点。第三阶段是城镇化加速发展阶段（1996 年至今）。这一时期，工业化加速推进，产业升级特点明显，工业化与农业转移人口联系紧密，中国城镇化水平提高将近 30 个百分点，上升至 2017 年的 58.52％。[①] 2020 年，中国城市化率已经超过 60％，成为以城市经济为主体的现代化国家。

**将视角缩小到微观企业，中国企业极大地分享了改革开放红利和人口红利，发展迅猛**。根据最新公布的 2020 年世界企业 500 强榜单，已有 124 家中国企业上榜，超过了美国 121 家公司上榜的数据，远远超过了日本上榜的 53 家企业。而在 1996 年，中国只有 2 家企业上榜。特别值得一提的是中国企业在新经济方面的优异表现，全球六大高科技互联网公司中，中国和美国各占一半，阿里巴巴、腾讯和京东来自中国，美国则是亚马逊、谷歌母公司 Alphabet 和 Facebook。[②]

---

[①]　以上数据均来自相应年份《中国经济社会发展统计公报》。

[②]　本段数据来自《2017 年财富世界 500 强排行榜》，财富中文网，2017 年 7 月 20 日，http://www.fortunechina.com/fortune500/c/2017-07/20/content_286785.htm。

　　**另一个微观主体是个人。40 多年的改革开放惠及了广大百姓，人民的幸福感与获得感与日俱增。**1978 年，中国人均 GDP 仅为 222 美元，排在世界倒数第 2 位，[①] 2020 年中国人均 GDP 达到 10500 美元，上升至世界第 70 位。此外，中国脱贫攻坚取得决定性进展，在贫困标准大幅提高的情况下，中国贫困人口从 1978 年的 7.7 亿人下降到 2016 年的 4335 万人，减少贫困人口超过 7.2 亿人；中国农村贫困发生率从 1978 年的 97.5% 下降到 2016 年的 4.5%。[②] 到 2020 年，实现了彻底摆脱绝对贫困。同时，公共服务均等化程度不断提高，中国形成了世界上人口最多的中等收入群体，人民获得感、幸福感明显增强。

　　在经过了前 30 年初步实现工业化，建立较为完整的国民经济体系的基础上，如何选择适合于中国仍然处在社会主义初级阶段基本国情的经济管理体制，我们认真总结了前 30 年发展的经验教训，重新回到马克思主义"实事求是"的历史唯物主义的思想轨道，启动改革开放，开拓出一条具有中国特色的社会主义道路。总结中国改革开放 40 多年的高速发展，呈现出以下特点：

　　**首先，中国经济增长呈现明显的阶段性特征。**改革开放驱动中国经济的快速发展，从经济增长本身的阶段性来看，40 多年中国改革可分为两个阶段。前 30 年，中国经济增长速度高，但是波动也很

---

　　① 周天勇：《三十年前我们为什么要选择改革开放》，《学习时报》2008 年 8 月 26 日。

　　② 国家统计局：《改革开放以来我国农村贫困人口减少 7 亿》，新华网，2015 年 10 月 16 日，http://www.xinhuanet.com/politics/2015-10/16/c_116848645.htm；《砥砺奋进的五年：脱贫攻坚成效几何，大数据给你答案》，《中国日报》中文网，2017 年 5 月 26 日，http://china.chinadaily.com.cn/2017-05/26/content_29509704.htm。

大。在 1984 年、1992 年和 2007 年出现了 3 次波峰，GDP 增速分别高达 15.1%、14.2% 和 14.2%，3 次波谷出现在 1981 年、1990 年和 1999 年，GDP 增速跌落至 5.2%、3.9% 和 7.7%，峰谷差分别高达 9.9%、10.3% 和 6.5%。但是从 2008 年开始，中国经济增速逐渐回落，波动幅度也在缩小，峰（2010 年 GDP 增速 10.6%）谷（2016 年 GDP 增速 6.7%）仅为 3.9%（见图 1.3）。从中国通货膨胀的阶段性来看，在改革开放前 20 年，治理通货膨胀是和促进经济增长一样重要的宏观调控目标。1985 年、1988 年、1989 年、1994 年和 1995 年，中国通胀水平分别高达 9.3%、18.8%、18%、24% 和 17.1%。改革开放的后 20 年，中国只有 2 年通货膨胀突破了 5%，并且再没

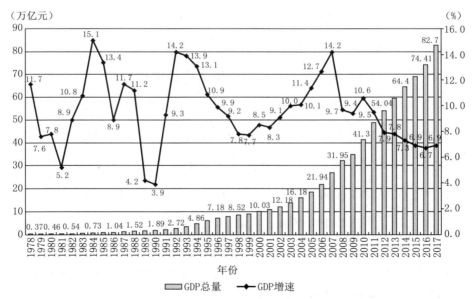

**图 1.3 1978—2017 年中国 GDP 总量增长与速度变化**

数据来源：根据国家统计局数据整理制图。

有出现过通货紧缩。[①]

**其次，中国经济增长的驱动因素发生了重大变化**。从供给端考察，1978 年中国三次产业对经济增长的贡献率分别为 9.8%、61.8% 和 28.4%，2015 年，这组数字变为了 4.6%、41.6% 和 53.7%，可以看到中国经历了一个明显的产业升级过程。而且在第二产业中，工业对 GDP 的贡献从 1978 年的 62.2% 下降到 2020 年的 37.8%，在第三产业中，金融业对 GDP 的贡献从 1978 年的 1.9% 上升到 2020 年的 8.275%，这反映出在整体产业升级中，部门内部也出现了向附加值更高的产业迭代过程。从需求端考察，1978 年中国国民经济三驾马车消费、投资、净出口对 GDP 的贡献分别为 38.3%、67% 和 −5.3%，2020 年，这组数字变为了 54.3%、43.1% 和 −2.6%，可以发现内需已经替代投资，成为拉动中国增长的主要动力，这也必然意味着百姓在国家整体增长中的生活水平和获得感在同步提升。[②]

**第三，中国是作为一个人口大国取得的增长奇迹**。美国经济的高速增长期大约在 1870—1913 年，这一阶段，美国人口从 4024 万人增长至 9761 万人；日本经济高速增长期是 1950—1973 年，这期间，日本人口从 8381 万人增长到 10871 万人。[③]1978 年中国经济起飞的时候已经有 9.6 亿人，[④] 根据第七次人口普查数据，2020 年，中国人口达到 14.1178 亿人。对比美日两大国，中国是在极大的人

---

① 张平、楠玉：《改革开放 40 年中国经济增长与结构变革》，*China Economist* Vol.13，No.1，January—February 2018。

② 本段所涉及数据均根据相应年份《中国统计年鉴》数据计算。

③④ 胡鞍钢：《现有理论为何难以解释中国奇迹》，《人民论坛》2008 年第 4 期。

口基数上实现了高增长。

**最后，中国经济增长伴生着较大的差异和不平衡。**伴随着40多年中国经济高速增长的是我国区域之间、城乡之间、行业之间、不同收入群体之间，均产生了较大的差距，发展并不均衡。这种差异和不平衡，一方面是因为市场经济的内在逻辑所决定的，市场经济追求集聚性和规模性以降低成本，获得技术溢出；市场经济追求剩余价值最大化，这必然带来资本积聚和资本集中。另一方面，也是因为中国采取的"级差式"发展路径所致，改革之初，我们就是允许一部分人、一部分行业和一部分地区先富起来；在改革进行中，我们也是通过试点和特许的方式，鼓励非对称发展。中国社会主义进入新时代，我们就必须着力解决不均衡的矛盾。

## 三、经济发展面临转型的"关口"<br>（保持持续高速增长，跨越中等收入陷阱）

1978年中国人均收入①仅为200美元，依据世界银行2015年给出的最新增长阶段划分标准，②1978年中国属于低收入国家（人均收

---

① 此处的人均收入为依据图集法测算的不变价美元衡量的人均 GNI 水平，主要是为了与世界银行给出的增长阶段划分标准的衡量指标一致，保持口径一致。

② 按世界银行公布的数据，2015年的最新收入分组（GNI per capita, Atlas method（current US$））标准为：人均国民总收入低于1045美元为低收入国家；在1045—4125美元之间为中等偏低收入国家；在4126—12735美元之间为中等偏高收入国家；高于12736美元为高收入国家。

入＜ 1045 美元），而到 2020 年中国人均 GDP 已跨过一万美元，实现了向中等偏高收入阶段（高于 4125 美元、低于 12735 美元）的跨越。有学者预测，2023—2025 年，中国人均收入将成功突破 12735 美元进入高收入国家行列。[①] 但是，高收入阶段不是自然而然进入的。二战以后，先后有数十个经济体步入工业化历史进程，但只有 13 个经济成功跨过中等收入阶段，进入高收入社会。上一个成功的国家是韩国，时间是在 1993 年。世界都将目光聚焦中国，中国能否实现转型闯关，跨越中等收入陷阱。

已经有很多学者研究了一个经济体会在什么情况下经历增长减速，以及这种减速是如何发生的。Eichengreen 等（2012）以中国是否会经历增长减缓从而落入中等收入陷阱为研究出发点，围绕快速增长经济体何时或在何种条件下会出现增长减缓展开研究。其研究发现，从人均收入水平来看，增长减缓较容易发生在以 2005 年不变美元衡量的人均收入达到 17000 美元时；从国家的增长特征判断，增长减缓较容易出现在维持实际汇率低估、较高的老龄人口依存率以及高投资率的国家。[②]Eichengreen 等（2014）进一步的研究表明，增长减缓并非只出现在单一时点上，而是在 10000—11000 美元和 15000—16000 美元两个收入区间内发生减缓的可能性均较大，多数快速增长的经济体在向高收入阶段跨越过程中都曾经历过两次增长减缓过程，而受过

---

① 张平、楠玉：《改革开放 40 年中国经济增长与结构变革》，*China Economist* Vol.13，No.1，January—February 2018。

② Eichengreen, B., Park, D., and Shin, K. 2012. "When Fast Growing Economies Slow Down: International Evidence and Implications for China." *Asian Economic Papers*, 11: 42—87.

中等和高等教育的人口占比较高、高技能产品出口份额较大等特征会延缓一国收入减少过程。[1] 刘世锦（2016）总结了两种不同类型的经济增长速度回落方式。一种是经历了一段时间的高速增长，在人均收入不超过 6000—7000 国际元的时候，增速回落，陷入缓慢增长、停滞乃至倒退的困境，这些经济体大多实施进口替代战略，抑制市场力量的发展，两极分化严重，借用大量外债，有的还过度顺应民粹主义的压力，实施和国家经济发展水平不相符的高福利政策，导致增长难以为继，最终落入中等收入陷阱，典型国家是拉美部分国家。另一种是经历了更长一段时间（一般为 20—30 年）的高速增长，在人均收入达到 11000 国际元时增长速度回落，由高速增长转入中速增长，跻身高收入社会的国家，以日本、韩国、新加坡等东亚成功追赶型经济体为代表，这些经济体具有较好的市场基础，同时也有发展导向的强政府发挥作用，实施出口导向的发展战略，形成了具备国际竞争力的产业。[2]

关于中国当前所处的中等偏高收入阶段，一些学者研究了导致中国陷入中等收入陷阱的可能因素。中国经济增长前沿课题组（2013，2014）提出，如果结构性变革导致低效率，降低了全要素贡献就会出现经济结构性减速，中国就无法跨越中等收入阶段。[3][4] 袁

①　Eichengreen, B., Park, D., and Shin, K.2014. "Growth Slowdowns Redux." *Japan and the World Economy*, 32: 65—84.

②　刘世锦：《中国不可能落入中等收入陷阱》，《新理财》2016 年第 7 期。

③　中国经济增长前沿课题组：《中国经济转型的结构性特征、风险与效率提升路径》，《经济研究》2013 年第 10 期。

④　中国经济增长前沿课题组：《中国经济增长的低效率冲击与减速治理》，《经济研究》2014 年第 12 期。

富华等（2016）重点就中国经济转型时期可能面临的三方面的不确定性和风险展开研究，认为实际上一国结构性扭曲是导致外部和内部不稳定的根本因素，因此结构性转变对于中等收入国家是非常重要的。①

基于此，很多学者给出了中国跨越中等收入陷阱的药方。从提高要素配置效率角度，蔡昉（2011，2013）强调，中国经济面临从二元经济发展阶段向新古典增长阶段的转变，最重要的是要突破人口红利消失和"刘易斯拐点"到来造成的增长瓶颈。应借助政策调整重新配置资源，着力提升人力资本，促进技术进步和体制改善，实现向全要素生产率支撑型发展模式转变。②③其他一些学者着重强调了中国当前发展阶段人力资本（姚洋，2013；巫和懋等，2014）和以知识部门为代表的新要素供给（中国经济增长前沿课题组，2015）对于实现增长跨越的重要性。④⑤⑥从产业升级角度，ADB（2012）强调，正是由于高附加值的现代服务业的发展滞后，才使

---

① 袁富华、张平、刘霞辉、楠玉：《增长跨越：经济结构服务业、知识过程和效率模式重塑》，《经济研究》2016 年第 10 期。

② 蔡昉：《"中等收入陷阱"的理论、经验与针对性》，《经济学动态》2011 年第 12 期。

③ 蔡昉：《中国经济增长如何转向全要素生产率驱动型》，《中国社会科学》2013 年第 1 期。

④ 姚洋：《人力资本积累是长期增长的一个动力》，《北京日报》2013 年 11 月 11 日。

⑤ 巫和懋、冯仕亮：《人力资本投资与跨越"中等收入陷阱"》，《当代财经》2014 年第 8 期。

⑥ 中国经济增长前沿课题组：《突破经济增长减速的新要素供给理论、体制与政策选择》，《经济研究》2015 年第 11 期。

得中国经济始终是以低附加值的传统产业为主导，而人力资本对转变当前增长模式起到了至关重要的作用。[1]袁富华等（2016）表明，中国要跨过中等收入阶段，就应顺应服务业要素化趋势，协调工业与服务业发展。[2]从创新角度，张德荣（2013）提出，制度和原创技术进步对中等收入国家尤为重要。从风险防范角度，[3]姚枝仲（2015）提出跨越中等收入陷阱的根本风险是要防范货币、债务和银行危机。[4]张平（2015）指出，中国经济转型的根本是改革政府的干预性体制并防范外部金融冲击，从而激发创新活力，促进经济平稳发展。[5]

考察中国改革开放 40 多年的高速增长，增长模式和轨迹与东南亚成功追赶型经济十分相似，从工业化的历史进程看，中国已经成功地利用了工业化时期高速增长的潜力。2014 年中国人均收入大体相当于 11000 国际元，与国际经验显示的增长规律和变化趋势基本相符，这一水平远高于当年拉美国家陷入陷阱时的收入和发展水平。当然，当前中国经济增长的条件出现了一系列重要变化，之前推动

[1] Asian Development Bank. 2012. *Asian Development Outlook 2012 Update*：*Services and Asia's Future Growth*. Manila：Asian Development Bank.

[2] 袁富华、张平、刘霞辉、楠玉：《增长跨越：经济结构服务业、知识过程和效率模式重塑》，《经济研究》2016 年第 10 期。

[3] 张德荣：《中等收入陷阱发生机理与中国经济增长的阶段性动力》，《经济研究》2013 年第 9 期。

[4] 姚枝仲：《金融危机与中等收入陷阱》，《国际经济评论》2015 年第 6 期。

[5] 张平：《中等收入陷阱的经验特征、理论解释和政策选择》，《国际经济评论》2015 年第 6 期。

经济增长的红利基本释放完毕，包括劳动力数量下降、农业劳动力向非农业转移放缓、主要工业产品历史需求峰值出现等，中国经济增长几乎是必然的由高速增长转入中高速增长。

面对进入经济新常态的新变化，如果中国经济能够平稳转型，政策上不出现颠覆性错误，完全有可能跨越中等收入陷阱，进入高收入社会行列。总结前述文献中的观点，并结合我们的判断，我们认为，中国经济要想成功逃脱中等收入陷阱，应解决好以下四方面突出问题。

**第一，提高资源配置效率，扭转当前资源错配的局面。**目前，行业之间、城乡之间依然存在较大的生产率差异，说明行业之间、城乡之间要素流动不畅、错配现象严重。根源在于行政性垄断，要素的市场自由流动和定价受阻。

一方面，我们要放宽准入限制，深化推进"放管服"为主要内容的政府职能改革，引入负面清单管理，打破行政性壁垒和行政垄断。党的十八大以来，我国鼓励"双创"，力度很大，为小微企业提供了零门槛，改革很好地做到了"放小"。但是，更要"放大"，突破资源能源类基础产业和生产性服务业的行政性垄断，以混合所有制改革作为突破口，深入推进石油、天然气、电力、电信、铁路、金融等领域的改革，在医疗、教育、文化、体育等社会事业领域，可以引入PPP新投资模式，促进发展方式和发展机制的改革，着力提高投资效率，改善运营作风，提高运营绩效。

另一方面，改善城乡之间的要素配置。在党的十九大上，习近平总书记提出促进城乡融合，将实施乡村振兴战略添列到当前七大战略之中，并将其作为贯彻新发展理念的重要举措，成为建设现代化经济体系的核心内容。这一战略的提出，正是要打破以往片面强调城市发展的偏向型战略和城乡分别发展的割裂型战略，真正促进城乡之间的融合协同发展。把以往的孤岛型城市进一步拓展成城市群和城市网络，在发展大城市的同时，带动大量小城镇发展，促进人口居住和产业布局的再配置，这将带来可观的基础设施和房地产投资。同时，大力实施乡村振兴战略，包括巩固和完善农村基本经营制度，深化农村土地制度和集体产权制度改革，深入推进农业供给侧结构性改革，促进农村一、二、三产业融合发展，构建现代农业产业、生产和经营体系，完善农业支持保护制度，支持和鼓励农民就业创业，健全自治、法治、德治相结合的乡村治理体系，培养造就一支懂农业、爱农村、爱农民的"三农"工作队伍等内容。

**第二，运用国家和市场两个力量，激励产业转型升级**。人均收入的决定性因素是劳动生产率，劳动生产率的高低又取决于产业水平和产业结构。在全球步入科技创新密集期、国内创新驱动发展成为新常态重要特征的时代背景下，传统工业难以为继，正面临劳动力成本、资源环境、世界市场三大约束，新工业正在孕育。中国要提高劳动生产率，进而跨越中等收入陷阱、实现弯道超车，就必须将视野投射于全球新一代产业变革中，协调运用国家和市场两种力量，将企业家置于核心位置，抢抓机遇，发展由硬科技、高科技支撑引领的战略性新兴产业和先进制造业。

战略性新兴产业是以重大技术突破和重大发展需求为基础，对经济社会全局和长远发展具有重大引领带动作用，知识技术密集、物质资源消耗少、成长潜力大、综合效益好的产业。中国未来要突出先导性和支柱性，抓住智慧经济风口，发展新一代信息技术、高端装备制造 [①]、节能与新能源汽车、航空航天、生物医药、新材料等，他们不仅是战略性新兴产业中的发展重点，也是"四新"（即新产业、新业态、新技术、新模式）产业的典型代表。

先进制造业是相对于传统制造业而言，指制造业不断吸收电子信息、计算机、机械、材料以及现代管理技术等方面的高新技术成果，实现信息化、自动化、智能化、柔性化、生态化生产的制造业。中国要发挥在装备制造业上形成的竞争优势，吸收借鉴德国工业4.0的先进经验，按照"中国制造2025"的规划布局，实施"互联网＋、机器人＋、标准化＋、数字化＋"四个行动计划，加快发展新一代集成电路、人工智能、区块链、大数据与云计算、机器人等先进制造业。

**第三，完善平均利润率形成体系**。中国40多年的市场化改革，其实质是不断促成平均利润率形成的环境和机制，随着改革不断深入，首先，市场不断完善，进入市场主体越来越多，竞争愈发激烈，平均利润率形成；其次，产权赋权的范围更广、程度更深。随着产

①　包括关键基础零部件和基础制造装备、重大智能制造装备、船舶及海洋工程装备、轨道交通装备、节能环保装备、能源装备等装备制造业。

权市场的完善，人们获得产权收益的机会趋向平等；最后，各类生产要素流动更加自由，资本在部门间转移的出现和加速，必然会促进利润率的平均化。

基于以上三方面改革深化促进平均利率形成的逻辑，我们可以探寻对应的进一步促进平均利润率形成的路径。首先，进一步完善价格机制，放开进入限制和门槛，构建现代市场经济体系。一要全面实施市场准入负面清单制度，清理废除妨碍统一市场和公平竞争的各种规定和做法。二要深化商事制度改革，打破行政性垄断，防止市场垄断，加快要素价格市场化改革，放宽服务业准入限制，完善市场监管体制。其次，进一步完善产权制度，包括进一步明确各类产权归属，实现产权有效激励，完善产权退出机制。具体来说，一要完善各类国有资产管理体制，改革国有资本授权经营体制。促进国有资产保值增值，推动国有资本做强做优做大；二要继续深化政府改革，构建"亲清"的新型政商关系，促进非公有制经济健康发展和非公有制经济健康成长；三要推进农地"三权分置"改革。最后，深化要素市场化改革，包括非国计民生要素的所有权由市场决定、要素价格市场化决定和要素自由流动。具体来说，一要加快实现土地、资本、劳动力、专利、知识等各类要素的自由流动；二要加快国有经济布局优化、结构调整、战略性重组；三要深化利率和汇率市场化改革。

**第四，扩大中等收入群体。**从国际经验看，当一个国家或地区进入中等收入阶段后，能否跨越中等收入陷阱的一个关键因素在于能否不断扩大中等收入群体。以韩国为例，其仅仅用了十年左右的时间就完成了从中等收入向高收入国家的跨越，重要原因之一就是韩国在进入中等收入阶段后，贫富差距有所缩小，中等收入群体明显增加。[①] 习近平总书记强调，扩大中等收入群体，关系全面建成小康社会目标的实现，是转方式、调结构的必然要求，是维护社会和谐稳定、国家长治久安的必然要求。迟福林（2016）提出，中国已具备三方面扩大中等收入群体的优势，一是人口城镇化为扩大中等收入群体提供了重要载体，二是服务业主导的产业结构为中等收入群体提供了广阔的就业空间，三是"双创"将使部分就业人群成为中等收入群体。[②]

具体来说，要想扩大中等收入群体，一要建立健全劳动者报酬的保障机制；二要以基本公共服务均等化为重点，加大再分配力度；三要加快财税体制改革，如建立与基本公共服务均等化要求相适应的转移支付制度，推进结构性减税，加快个人所得税改革，减轻中等收入群体的实际税负；四要尽快改革征地制度，提高农民在土地增值收益中的分配比例；五要强化人力资本，深化教育改革，调整教育结构，一方面要加大对学前和幼儿阶段的教育投资，为中国积蓄长期人力资本，另一方面要加大对职业教育的投资力度。[③]

---

①② 迟福林：《扩大中等收入群体是跨越中等收入陷阱的内在要求》，《光明日报》2016 年 6 月 22 日。

③ 蔡昉：《扩大中等收入群体的基础是什么？》，《光明日报》2016 年 6 月 22 日。

# 四、从速度型发展转向质量型发展

经过近 40 多年改革开放的高速发展，高速增长阶段渐行渐远，高质量发展阶段渐行渐近。[1]一方面，高速增长本身难以为继。2012 年之后，中国经济增速明显低于原先 8% 的预定目标。但要注意，中国经济规模日趋庞大，同样增长率创造的经济规模已经今非昔比，可以容纳的就业水平反而提高。同时，增长率下台阶符合大多数高收入经济体在从中等收入国家向高收入国家迈进中的经济增长规律。另一方面，主要依靠投资拉动的传统增长方式难以为继。制造业投资、房地产投资和基础设施投资都面临拐点。同时，中国经济增长的资源环境压力逐渐突出，土壤、水和空气的承载能力逼近极限。

在党的十九大报告中，习近平总书记首次提出，中国已由高速增长阶段转向高质量发展阶段，这意味着党和国家对经济增速认识更加趋向于科学和理性，对经济增速回落的容忍度也越来越高，谋求更有质量的发展。同年 12 月召开的中央经济工作会议进一步指出，"中国特色社会主义进入了新时代，我国经济发展也进入了新时代，基本特征就是我国经济已由高速增长阶段转向高质量发展阶

---

[1]　段炳德：《深刻理解实现高质量发展的重要内涵》，《中国青年报》2018 年 2 月 18 日。

段"。<sup>①</sup>高质量发展是社会主义新时代下保持经济持续健康发展的必然要求，是适应我国社会主要矛盾变化和全面建成小康社会、全面建设社会主义现代化国家的必然要求，是遵循经济规律发展的必然要求。具体来说，高质量发展表现出几方面显著特征：

在产业结构上，由资源密集型、劳动密集型产业为主向技术密集型、知识密集型产业为主转变。第一，在新冠肺炎疫情冲击下，高技术产业和装备制造业增长迅速，2020 年，以上两个产业增加值分别比上年增长 7.1％和 6.6％，增速分别比规模以上工业高 4.3 和 3.8 个百分点。第二，生产性服务业的占比将逐步提升，在国民经济中的作用将日益明显。2020 年，我国信息传输、软件和信息技术服务业，科学研究和技术服务业营业收入分别增长 13.5％、9.9％。第三，在信息技术支撑下，新产业、新业态、新商业模式等新动能不断成长，开拓了经济增长新空间。2020 年，工业机器人、新能源汽车、集成电路、微型计算机设备等新兴工业产品产量分别增长 19.1％、17.3％、16.2％、12.7％，呈现高速增长态势；网上零售等新兴业态持续快速增长，全国网上零售额达到 117601 亿元，比上年增长 10.9％。<sup>②</sup>

在产品结构上，由低技术含量、低附加值产品为主向高技术含

---

① 《中央经济工作会议举行　习近平李克强作重要讲话》，新华网，2017 年 12 月 20 日，http：//www.xinhuanet.com/2017-12/20/c_1122142392.htm。

② 本段数据来自央广网，2021 年 1 月 19 日；《南方都市报》，2021 年 1 月 19 日和上游新闻网，2021 年 1 月 18 日。

量、高附加值产品为主转变。在产品质量上，中国制造的工业品将加快摆脱山寨货的标签，成为高端大气精细的"大国工匠"之作。①

在经济效益上，由高成本、低效益向低成本、高效益的方向转变。过去几年，我国创新型国家建设进展明显。2016 年，我国创新指数名列全球第 25 位，比 2012 年提高 9 位，在中等收入国家中排名首位，大幅领先其他金砖国家。② 创新成为我国发展的主要动力，并且在某些领域开始从模仿性、跟随型技术创新走向原发性技术创新。在新能源、新材料、信息技术、基因技术等高科技领域，我们同发达国家的差距相对较小，有些甚至已经从"跟跑"变成"领跑"。③

正是得益于动力转换和高质量发展，2017 年我国 GDP 实现了6.9% 的增长，宏观经济运行好于预期。④ 未来，我们要进一步实现高质量发展，可从以下方面努力。

首先，提高供给质量。即提高商品和服务供给的质量。我国拥有全球门类最齐全的产业体系和配套网络，其中 220 多种工业品产量居世界第一。但许多产品仍处在价值链的中低端，部分关键技术

---

① 迟福林：《以高质量发展为核心目标建设现代化经济体系》，《行政管理改革》2017 年第 12 期。

② 国家统计局：《新理念引领新常态新实践谱写新篇章——党的十八大以来经济社会发展成就系列之一》，国家统计局网站，2017 年 7 月 28 日，http：//www.stats.gov.cn/ztjc/ztfx/18fzcj/201802/t20180212_1583222.html。

③ 《全力推动我国经济转向高质量发展》，《经济日报》2017 年 12 月 17 日。

④ 任泽平：《中国经济高质量发展　五方面改革亟待突破》，中国财经网，2018 年2 月 27 日，http：//www.ce.cn/xwzx/gnsz/gdxw/201802/27/t20180227_28262338.shtml。

环节仍然受制于人。要提高供给质量，必须要加大创新的力度。一方面，创新将为传统产业插上腾飞的翅膀，促进产业链、价值链不断攀升，减少升级换代带来的转型痛苦；另一方面，创新更能创造新的供给，满足新的需求，产生新的产业，打开新的市场。

其次，促进需要质量提高。提高供给质量需要高质量的需求相配合。我国已形成世界最大规模的中等收入群体，城市化水平也不断提升，有了进一步扩大需求、提高需求质量的基础。但是，我国不同区域之间、城乡之间、行业之间发展极不平衡；部分群体就业质量不高，收入水平偏低；公共服务供给不足，养老、医疗、教育等给居民带来的负担还比较重。未来必须首先解决这些问题，释放被抑制的需求，提高需求质量，进而带动供给端升级。

再次，提高需求质量有赖于提高我国收入分配质量。要提高初次分配和再分配的质量，在初次分配环节，逐步解决土地、资金等要素定价不合理的问题，促进各种要素按照市场价值参与分配；在人口红利逐步消退的同时，进一步发挥人力资本红利，提高劳动生产率；千方百计促进居民收入持续增长。在再分配环节，发挥好税收的调节作用和精准脱贫等措施的兜底作用，尽快开征房产税和遗产税，注意调节存量财富差距过大的问题，提高社会流动性，避免形成阶层固化。不断缩小城乡差距、人群差距、区域差距，壮大中等收入群体，实现幼有所教、老有所养、病有所医、住有所居。

最后，实现高质量的发展还需要构筑高质量的多维环境。一要构筑良好的营商环境，健全现代企业制度、处理好政府和市场的关系、尊重和维护竞争有序的市场。二要构筑高质量的金融环境，提升金融环境的稳定性。包括建设更发达的金融基础设施，释放地方债务风险，畅通金融服务实体经济的渠道。实施更加审慎灵活有效的金融监管，特别注重互联网金融监管，落实"房子是用来住的，不是用来炒的"的要求。三要构筑高质量的自然生态环境，提高土地、矿产、能源资源的集约利用程度，增强发展的可持续性。

# 第二章　现代化经济体系建设的
## 工作主线和重点

　　经济发展方式直接决定和影响经济发展的质量。在取得 40 多年经济发展连续迈上多个台阶后，如何从既往追求经济增长数量转向注重经济发展质量，这是在清晰地认识到继续保持相对高速增长所面临的诸多矛盾、并积极消解这些矛盾的同时提出来的重大命题，也是我们在推进建设现代化经济体系时需要特别重视的工作内容。围绕"建设现代化经济体系"这样的发展战略目标要求，习近平总书记在党的十九大报告中明确指出，"必须坚持质量第一、效率优先，以供给侧结构性改革为主线，推动经济发展质量变革、效率变革、动力变革，提高全要素生产率"①，强调了推进经济体系的结构优化的工作主线和工作重点。我们在这一章就从当下着力于推进现

---

　　① 习近平，《决胜全面建成小康社会，夺取新时代中国特色社会主义伟大胜利——在中国共产党第十九次全国代表大会上的报告（2017 年 10 月 18 日）》，人民出版社 2017 年版。

代化经济体系建设如何发力，如何贯彻推进经济工作开展的工作主线和工作重点展开讨论。

# 一、以质量变革、效率变革和动力变革，推进经济发展从追求增长数量转向发展质量

改革开放驱动中国经济快速增长，带来社会生活各方面的变化。与此同时，也保持了经济社会发展的稳定。这两个各方面的结合堪称人类发展史上的两大"奇迹"[①]。在这样的发展成就的基础上，我们进一步思考新发展阶段的目标内容和战略安排，深入总结成功的经验和检讨存在的问题，特别是如何夯实经济发展的可持续能力，继续推进经济体制改革，发挥其在全面深化改革中的牵引作用。正是这样，建设现代化经济体系就作为国民经济运行的"本体"的素质质量，作为建设现代化经济体系的工作任务就摆在我们的面前。

1. 建设现代化经济体系是新发展阶段推进中国经济高质量发展的工作"抓手"

在收获了经济连续 40 多年快速发展、人民生活水平快速提高改

---

① 中国共产党十九届四中全会通过的《中共中央关于坚持和完善中国特色社会主义制度、推进国家治理体系和治理能力现代化若干重大问题的决定》明确指出，"新中国成立七十年来，我们党领导人民创造了世所罕见的经济快速发展奇迹和社会长期稳定奇迹"。

善等多方面成就的基础上，中国经济如何走出既有的发展模式，提高参与国际市场国际竞争能力；如何通过技术进步促进产业升级；如何应对需求结构变化提高全要素生产率、转向高质量发展以提升供给结构的适配能力；如何保持经济平稳发展的同时节约资源、友好环境等，已经摆在了中国宏观经济管理者面前。面临新的需要开展的阶段性调整，需要有深入透彻的对于中国经济发展所处阶段和实际经济发展质量的准确分析评价和判断。正是在这样的背景下，面对国际环境的变化和中国经济发展所面临的新的约束因素、中国经济自身的发展走势特点，2014 年 5 月，习近平总书记在河南考察时首次提出了我国经济发展"新常态"，[①] 提出认识新常态、适应新常态的工作要求。此后，在 2015 年 5 月到 2016 年 5 月这一年多的时间里，《人民日报》先后三次刊登"权威人士访谈"，[②] 围绕经济发展的"新常态"、"供给侧结构性改革"和如何以深入推进供给侧结构性改革更好地贯彻落实新发展理念展开阐述，对以供给侧结构性改革为主线推进经济发展转向高质量做出铺垫，也为明确建设承担高质量发展现代化经济体系的工作内容和工作要求提供了理论认识和具体工作开展打下基础。这也是以习近平同志为核心的党中央在

---

① 新华社，《习近平首次系统阐述"新常态"》中提到，2014 年 5 月习近平在河南考察时首次提及"新常态"。在 2014 年 11 月 9 日的 APEC 演讲中，习近平主席系统展开阐述了"新常态"的理论内容。指出，新常态将给中国带来新的发展机遇。http://www.xinhuanet.com//world/2014-11/09/c_1113175964.htm。

② 参见《五问中国经济》，人民日报 2015 年 5 月 25 日、《七问供给侧结构性改革》，《人民日报》2016 年 1 月 4 日、《开局首季问大势》，《人民日报》2016 年 5 月 9 日。

明确全面深化改革的总体方案基础上，对于如何转向高质量发展，如何对国民经济体系的具体内容和结构所面临的调整压力，对发展方式的调整做出的动员。

在党的十九大报告中，习近平总书记强调了"中国发展仍处于重要战略机遇期"这一重要判断，对于新发展阶段中国经济发展战略做出全面部署，明确提出"我国经济已经由高速增长阶段转向高质量发展阶段"的命题，要求在转变经济发展方式、优化经济结构、转换发展动力、建设现代化经济体系等方面下功夫，攻关夺隘，砥砺前行。

如前所述，建设现代化经济体系是我国发展的战略目标实现所要求的工作任务，是转变经济发展方式、优化经济结构、转换经济增长动力的迫切要求。不难理解，建设现代化经济体系的工作内容也贯穿在发展方式、经济结构和经济增长动力等方面的变革和机制创新的具体表现之中。对此，党的十九大报告有深刻阐述，"我国经济已由高速增长阶段转向高质量发展阶段，正处在转变发展方式、优化经济结构、转换增长动力的攻关期"。[1] 建设现代化的经济体系，就是要坚持"质量第一、效率优先"的方针，坚持以深化供给侧结构性改革作为工作主线，以推动质量、效率、动力"三大变革"，促进经济全面转向高质量发展。

---

[1] 习近平，《决胜全面建成小康社会，夺取新时代中国特色社会主义伟大胜利——在中国共产党第十九次全国代表大会上的报告（2017年10月18日）》，人民出版社2017年版。

## 2. 在认真总结吸收经济高速发展所积累的成功经验基础上推进现代化经济体系建设

建设现代化经济体系各项具体工作内容的开展，需要认真总结既往经济发展进程的成功经验。改革开放 40 多年来，我国经济保持了年均 9% 的高速增长。这一举世瞩目成就的取得得益于在中国共产党的领导下，以解放思想开路、以改革开放驱动探索，找到了一条符合我国国情的具有中国特色的社会主义发展道路。

改革开放初期，我国经济发展水平总体相当低，底子薄、基数小，具有增长空间大的发展机会特点。正是因为有改革开放，使我们能够在国际经济格局中，找准中国经济发展的基本方位，从中国基本国情出发，探索具有中国特色社会主义发展道路。运用马克思主义的"国际分工"原理，积极参与国际分工、自觉融入全球化发展潮流，通过引进发达国家的经济技术，借鉴学习运用市场这一资源配置工具，抓住全球产业结构调整机会，发挥我们自身所拥有的丰富的劳动力资源，带动中国经济结构的产业化提速，促进经济快速发展。1979 年 1 月，邓小平在访问美国时发表演讲，阐明中国改革开放的方针，明确指出，我们的经济发展是处在相对落后的状况，但是，这也表明我们所拥有的各类资源还没有得到充分的开发，也是我们启动追赶的有利条件。[①] 中国经济 40 多年快速发展的实践表

---

① 邓小平在访美时的谈话表示，"中国的大门对一切朋友都是敞开的"。参见《1979 年中美建交邓小平旋风席卷美国》，腾讯网 2011 年 1 月 14 日，https://news.qq.com/a/20110114/001288.htm。

明，开放也是改革，开放为改革引入市场竞争参照系，主动开放接应全球产业结构调整的机会，将中国相对丰沛的劳动力资源与外部资本和产业技术形成组合，也促成了中国经济有机地嵌入到全球产业链分工体系，引发中国经济的工业化转型。开放引入的外部市场化因素，形成对经济体制改革的深化刺激。同样，改革的深化形成对解放思想、解放生产力的引领作用、对传统体制的变革，释放出经济运行的活动，形成与开放之间的互动激化，共同形成驱动中国经济快速发展的合力。

总结改革开放进程积累的经验，是为了继续推进全面深化改革，特别是在对改革进程的总结中，清晰地认识到改革开放的稳健推进不断深化，得益于有中国共产党的坚强领导，对改革开放就是要建立社会主义市场经济的体制目标的科学设计，在坚持国家主权的前提下有序推进开放步骤，保证了我国社会经济生活的稳定发展，坚持改革开放，有效利用了国际国内两种资源、发展利用了国际国内两个市场，形成改革开放互为促进的局面，创造出人类历史上从未有过的人口大国经济长时期高速增长的奇迹。

正是在迅速摆脱传统计划经济条件下的"短缺"，经济的快速增长表现出明显的数量规模扩张的特征，伴随这一过程必然也存在着区域城乡之间的不平衡、不协调，联系资源环境评价数量扩张的发展必然存在对资源环境开发利用的粗放性，暴露出经济发展与资源环境之间不可持续的矛盾。同样，在充分肯定我国经济总量快速增长所取得成就的基础上，需要深入思考产业技术进步和产业竞争力、经济结构的优化和经济发展的质量如何相应提升，特别是既有的生产方式已经碰到的资源环境瓶颈约束，还有国际市场大环境的变化所表现出来的外贸需求结构变化对出口企业生产结构也形成调整的压力。这些方面的因素叠加在一起，促成我们对于发展速度有更加客观的理解，通过适当减缓发展速度压力，腾出结构调整和提升质量的空间。正是在这样的大背景下，从我国改革开放以来经济增长的因素和条件看，现在已经或正在经历着许多变化，其包括：世界经济发展低迷；我国劳动力的人口数量开始下降，农民工进城数量减少，劳动力成本也在不断提高；钢铁、煤炭等重要工业品的产能过剩和产品库存过多等问题突出；土地等自然资源价格上升；生态环境压力加大，有些方面甚至超过了环境承受底线；随着我国要素成本上升、出口基数增大以及国际市场环境变化，出口高速增长难以为继，必须更多依靠内需；经济增长效率呈现下降态势。伴随着这些变化，经济增长开始更多地依靠消费、服务业和国内需求，更多地依靠劳动者素质提高、技术进步和全要素生产率改进。为此，我国经济结构必须进行重大转变。相应地，经济发展阶段也开始转换，由过去的高速增长阶段逐步转向高质量发展阶段。

3. 从"三大变革"突破发力，转变发展方式，推进现代化经济体系发育完善

经济发展有着自身一定的规律，联系工业化演进阶段考察，联系世界各国工业化和经济增长的历史，当经济规模达到一定的规模总量的同时，也就有相关产业结构和不同结构所拥有的规模达到相

应数量规模。在量的增长的基础上，必然要求结构的提升和以技术结构所表现的质量和反映经济发展质量的产业体系的发育成长，这种产业体系的发育集中表现在产业的市场竞争实力。正是基于这样的对于经济发展内容的考察，我国经济发展阶段转向高质量发展既反映出经济运行自身的内在的规律要求，也是我国经济发展进入新发展阶段的重要标志，完全符合经济发展的客观规律。

联系我国经济发展的大环境分析，从建设现代化经济体系的考察视角加深对转向高质量发展的客观规律的认识，就是要继续保持以发展作为我们各项工作的"第一要务"，明确我国发展仍处在重要战略机遇期，只是机遇期的内涵出现重大变化。由此更加凸显出转变经济发展方式之重要性。以往重视经济增长速度一方面是与快速工业化相伴随，也与市场容纳能力快速成长直接相关。这一过程不可避免也存在一定的"粗放"的特点。在市场规模进入"饱和"状态、资源环境约束日益趋紧、居民收入提高带动的消费升级对供给结构提出新的要求，由此需要以"质量变革、效率变革和动力变革"为工作抓手，推进现代化经济体系发育，转向高质量发展。

以质量、效率、动力"三大变革"发力，旨在全面提升经济运行的素质，提高生产要素的配置活力，以质量、效率、动力"三大变革"举措渗透到经济运行过程中去。党的十九大报告指出，我国经济已由高速增长阶段转向高质量发展阶段，正处在转变发展方式、优化经济结构、转换增长动力的攻关期。适应发展阶段变化，社会的主要矛盾也发生了转化，已经从人民日益增长的物质文化需要同落后的生产力之间的矛盾转化为人民日益增长的美好生活需要和不平衡不充分的发展之间的矛盾。新的形势、新的内涵要求我们在继续推动发展的基础上，着力解决好发展不平衡不充分问题，大力提升发展质量和效益，不仅仅是人民日益增长的物质文化需要，而是要更好满足人民在经济、政治、文化、社会、生态等方面日益增长的需要。进入新时代，人民不仅对物质文化生活提出了更高要求，而且在民主、法治、公平、正义、安全、环境等方面的要求日益增长。为了更好地推动国家的发展全面进入质量时代，需要把质量这一核心概念贯穿于发展的各领域、全过程，坚持全面覆盖、全程管理、全民参与的质量观。全面覆盖，就是要在产品质量的基础上，扩大并涵盖生产生活及社会发展各个领域的发展质量，着重抓好产品、工程、服务、环境和经济运行质量的提升；全程管理，就是要把质量贯穿于制造、销售、服务乃至于整个生产、生活的全过程，推行全过程的质量管理；全民参与，就是要在质量治理中树立群众观点、践行群众路线，为了群众、发动群众、依靠群众，打造全民共建、全民共享的质量强国。要加快质量强国建设，在全社会牢固树立质量第一、效益优先和持续创新理念，加强以"重视品质、追求卓越"的工匠精神为核心的质量文化建设，引导企业树立"质量高于天"产品理念，专注品质、一丝不苟、精益求精、注重细节。倡导优质安全绿色消费理念，转变消费者理念，提高全民质量意识，创造条件使全民能够"用脚投票"，让假冒伪劣产品退出市场。同时，政府要强化质检、环保、安全等监管和执法力量，加大对生产假冒伪劣产品的企业或个人的负面曝光和惩治力度，引导企业自觉增强质量、品牌和标准意识，形成政府重视质量、企业追求质量、社会崇尚质量、人人关心质量的良好社会氛围。

推进质量变革，就是要在生产和服务过程全面导入质量观念，建立质量标准，优化经济活动流程，全面提高国民经济各领域、各层面的素质。1996年至今，我国先后出台了《质量振兴纲要》（1996年）、《质量发展纲要》（2011年）和《中共中央国务院关于开展质量提升行动的指导意见》（2017年）三个纲领性文件。无论是质量振兴、发展还是提升，基本的意思是一致的，都是促进质量的发展进步。坚持以满足人民群众需求和增强国家综合实力为根本目的。把增进民生福祉、满足人民群众的质量需求作为提高供给质量的出发点和落脚点，促进质量发展成果全民共享，增强人民群众的质量获得感。

质量变革意味着不但要把质量放在首位，还要让质量发生根本性变化。这是一场从理念、目标、制度到具体领域工作细节的全方位变革。要把提高供给体系质量作为主攻方向，向国际先进质量标准看齐，开展质量提升行动，显著增强我国经济质量优势，使中国制造和中国服务成为高质量的标志；推动企业和产品的优胜劣汰，资源向优质企业和产品集中，通过充分有效的市场竞争，逐步形成一批有长期稳定国际竞争力的高质量品牌企业和产品；营造有利于创新的环境，推动创新要素的流动和集聚，鼓励旨在提高产品和服务质量的各类创新，使创新成为质量提高的强大动能；把绿色发展作为质量提高的重要内容，从消费、生产、流通、投资到生活方式，加快全方位的绿色转型，使绿色低碳成为高质量产品和服务的重要特征。

效率变革，就是要找出并填平在以往高速增长阶段被掩盖或忽视的各种低效率洼地，为高质量发展打下一个效率和竞争力的稳固基础。根据经济学理论的一般原理，效率高低一般指单位时间产出多少，或者指如何有效地使用各种生产要素资源，以实现经济的可持续发展，更好地满足消费者的需要。

企业效率变革的核心是创新。习近平总书记在庆祝中国共产党成立95周年大会上提道：只有"勇于变革、勇于创新，永不僵化、永不停滞"，才能"继续在这场历史性考试中经受考验"，努力向历史、向人民交出新的更加优异的答卷。[1]他的讲话深刻阐述了面向未来、面对挑战必须牢牢把握的重要要求——变革、创新。习近平总书记在党的十九大报告中系统阐释了新时代中国特色社会主义思想和基本方略。特别是从战略高度强调"创新是引领发展的第一动力，是建设现代化经济体系的战略支撑"，为新时代加快建设创新型国家和世界科技强国指明了方向。当然，这里的"创新"，是包括科技创新、理论创新、制度创新、文化创新、人才创新等多种创新的全面创新。可以说，创新为过去的中国带来了丰硕的创新成果，也

---

[1] 习近平:《在庆祝中国共产党成立95周年大会上的讲话》(2016年7月1日)，新华网，2016年7月1日，http://www.xinhuanet.com//politics/2016-07/01/c_1119150660.htm。

为新时代中国的未来发展指引了方向。创新离不开变革，一个企业的与时俱进需要从很多方面进行革新，创新需要进行管理变革、生产技术变革、营销策略变革等各方面的变革。市场竞争，归根结底是投入产出比的竞争、效率高低的竞争。为了进行效率变革必须深化改革，必须对行政性垄断问题依然突出的领域进行改革，重点是对石油天然气、电力、铁路、电信、金融等垄断行业引入和加强竞争，全面降低实体经济运营的能源、物流、通讯、融资等成本，提高发展实体经济特别是制造业的吸引力和竞争力；进一步真正放宽市场准入，完善退出机制，健全社会保障体制，通过生产要素的合理流动和优化组合、企业兼并重组、产业转型升级，从而全面提高经济的投入产出效率；要增强金融服务实体经济的能力，防止和治理各类经济泡沫，降低过高的杠杆率，化解金融风险，为实体经济创新发展、转型升级提供有效金融服务；提高开放型经济水平，引进来与走出去要相结合，在更大范围、更高水平上参与国际竞争和合作，进而提升我国产业在全球价值链中的地位。

　　动力变革，就是要在劳动力数量和成本优势逐步减弱后，适应高质量、高效率现代化经济体系建设的需要，加快劳动力数量红利到质量红利的转换。必须把发展教育事业放在优先位置，加快教育现代化，从基础教育、高等教育到职业教育，全面提高教育质量，提高经济社会发展各个层面劳动者的素质；加强知识产权的保护和激励，培养和造就一大批具有国际水平的战略科技人才、科技领军人才、青年科技人才和高水平创新团队，促进各类人才的合理流动，更大程度地调动企业家、科学家、技术人员和其他人才的主动性、积极性和创造性；营造劳动光荣的社会风尚和精益求精的敬业风气，尊重劳动、尊重创造，建设知识型、技能型、创新型劳动者大军，提高一线劳动者的社会地位，打破阶层固化，拓展纵向流动、奋斗成才的渠道和机会。新一轮技术革命和产业变革蕴含巨大机遇，不可错失。以信息化为代表的新技术不断向前演进和发展，会使我们加快新旧动能转换具备更多的条件和支撑。新旧动能转换、培育新动能是个非常复杂、系统的工作，要做多方面的设计、探索，首先要准确理解新动能的内涵，处理好前沿技术创新和传统产业升级的关系。传统产能的制造业进入平台期，再靠大规模的扩张很难。实现制造业由大到强的主线，就在于信息化和工业化深度融合，这也是实施新旧动能转换的主要指导方针。

我们正面临增长动能的深刻转变。当前，改革创新成为各国化解增长矛盾、谋求经济发展的方向。在党的十九大报告中，创新是作为引领发展的第一动力提出来的。创新作为动力变革的首选要注意掌握：创新的主体应该是企业；创新的导向应该通过市场；创新需要产学研各部门相互融合；创新需要政府加强对中小企业的支持。当前新一轮科技和产业革命正在迅速发展，新产业、新模式、新业态层出不穷，新的增长动能不断积聚。在这种形势下，中国应该抓住机遇，顺势而为。进一步推进我国经济发展的动力变革需要通过供给侧结构性改革，推进创新驱动战略，完善以产权制度和要素市场化为重点的经济体制改革，通过"一带一路"建设更好地构建全面开放的新格局。

推动三大变革必须要让市场在资源配置中起决定性作用，同时更好地发挥政府作用。政府的主要职责是优化管理服务，要及时调整制约质量变革、效率变革和动力变革的不合理制度障碍，加速实现三大变革。政府要优化新技术管理服务，加大研发投入，加快推进综合性国家科学中心、产业创新中心、创新网络等产业技术创新平台建设，推动有助于三大变革的新技术蓬勃涌现。政府要优化对企业的管理服务，做到简政放权、放管结合、优化服务，推动大众创业、万众创新。政府要进一步放宽新产业新业态的市场准入，优化新产业成长的政府服务和市场环境，促进形成有利于先进生产力发展的体制机制。政府要促进各种生产要素的合理流动，充分提高全要素生产率。政府要以此来推动形成质量变革、效率变革和动力变革的新格局。

## 二、着力提高全要素生产率，不断提升经济运行质量，加快建设现代化经济体系

"全要素生产率"作为宏观经济学的重要概念，在党的十九大报告中首次正式使用。首先，作为分析经济增长源泉的重要工具，成为政府制定长期可持续增长政策的重要依据。作为具体分析经济运行的指标工具，通过估算全要素生产率有助于进行经济增长源泉分

析，即分析各种因素（投入要素增长、技术进步和能力实现等）对经济增长的贡献，识别经济是投入型增长还是效率型增长，确定经济增长的可持续性。其次，估算全要素生产率是制定和评价长期可持续增长政策的基础。具体来说，通过全要素生产率增长对经济增长贡献与要素投入贡献的比较，就可以确定经济政策是应以增加总需求为主还是应以调整经济结构、促进技术进步为主。正是这样，我们也可以将全要素生产率的提高作为测度经济体系现代化水平的分析工具。

全要素生产率增长率通常又可以直接表现为技术进步率，是指全部生产要素（包括资本、劳动力、土地，但通常分析时都略去土地不计）的投入量都不变时，而生产量仍能增加的部分。全要素生产率增长率并非所有要素的生产率，"全"的意思是经济增长中不能分别归因于有关的有形生产要素的增长的那部分，因而全要素生产率增长率只能用来衡量除去所有有形生产要素以外的纯技术进步的生产率的增长。因此，从本质上讲，全要素生产率增长率反映的是在一定时期里表现出来的能力和努力程度，是技术进步对经济发展作用的综合反映。全要素生产率是用来衡量生产效率的指标，它有三个来源：一是效率的改善；二是技术进步；三是规模效应。在计算上它是除去劳动力、资本、土地等要素投入之后的"余值"，由于"余值"还包括没有识别带来增长的因素和概念上的差异以及度量上的误差，它只能相对衡量效益改善技术进步的程度。

改革开放以来，很长一段时期通过大量消耗资源、能源，不顾及环境污染使中国经济保持了两位数的增长。问题是我国经济进入高质量发展阶段后，已经不可能像以往那样主要依靠资源、能源的大量投入，环境不断恶化来发展经济。为了进一步经济增长，我们必须转向技术进步，更多地依靠全要素生产率的提高发展经济。在三大重要变革中，质量变革是主体，效率变革是主线，动力变革是基础，关键是切实、持续地提高全要素生产率。解决好这个关键问题，我们才能在保持一定增长速度的同时，开创质量效益明显提高，实现中国经济可持续发展的新局面。

经济发展从粗放型到集约型转变就是全要素生产率提高的过程。从这一视角加以考察，全要素生产率主要有以下三个来源：

（1）生产要素效率的改善。经济增长不仅是生产要素投入的结果，而且也是要素生产率增加的结果。在生产要素一定的条件下，提高要素生产率，既可以促进经济总量增长，又可以提高经济增长质量。生产要素使用效率的改善是通过将生产要素从效率相对较低的传统产业向效率较高的新兴产业的转移实现的。生产要素的质量、组合、使用方式决定着生产力系统的效率和发展状况。凡是以增加生产要素投入为主来增加总产出的方式属于粗放型经济增长，凡是以提高要素生产率为主来增加总产出的方式属于集约型经济增长。经济增长路径的优化就是要转变经济增长方式，为生产要素的合理配置和有效利用提供方向上的指导和制度上的保障，妥善处理经济增长的量与质的关系，促进经济结构和社会结构的合理化、高级化，保持经济增长的稳定性和可持续性。

（2）科学技术的进步作用。科学技术的水平已经成为了一个国家实力雄厚与否的重要标准。科技实力的强弱对人类发展产生的积极或消极的影响。社会发展过程中，现代科学技术是生产力的新增长点；各种科技产品提高了人们的物质和精神文化生活水平。任何事物都有两面性，科学技术的发展也一样，伴随科技手段的应用，作用于自然环境，特别是对科技手段的不当应用，造成对环境的破坏，各种水污染、大气污染、土壤污染、臭氧层空洞、核辐射环境污染等。这些方面所产生的最直接、最容易被人所感受的后果是人类环境质量的明显下降，影响人类的生活质量、身体健康和生产活动。联系这方面的讨论，一个特别值得指出的问题是，随着经济和贸易的全球化，环境污染也日益呈现国际化趋势，发达国家在向发展中国家输出技术的同时，也将科技应用相伴生的危险废物越境转移。诚然，高科技对于人类文化的影响也是显而易见的。一方面，高科技能提高电影、电视的声像质量和效果，使现场转播成为可能。另一方面，人们能通过电视屏幕能远看到万里之外的体育竞赛和文艺演出，图书报纸出版质量有所提高，这些都使得人们的精神文化生活更加丰富多彩。

（3）一定条件下的规模效应。规模效应又称规模经济，即因规模增大带来的经济效益提高。因为任何生产都是有成本的，一般包括固定成本和变动成本。混合成本则可以分解为这两种成本，在生产规模扩大后，变动成本同比例增加而固定成本不增加，所以单位产品成本就会下降，企业的销售利润率就会上升。要达到盈利，必须使得销售收入大于生产成本，生产的越多，分摊到单个产品中的固定成本就越少，这样企业盈利就越多。但是规模过大可能产生信息传递速度慢且造成信息失真、管理官僚化等弊端，反而产生"规模不经济"。规模效应是一个经济学上研究的课题，即生产要达到或超过盈亏平衡点，即规模效益。实现最佳的企业规模就是要合理组合各种生产要素（劳动力、资本、自然资源）以便实现最佳规模的产出。

实际上提高全要素生产率最重要的驱动力来自创新。创新理念居五大发展理念之首，创新是引领发展的第一动力。抓住了创新，就抓住了牵动经济社会发展的"牛鼻子"。为此，首先要创造一个有利于创新的环境，这方面需要解决一系列问题，包括知识产权的保护和运用、创新主体的稳定预期、创新要素的自由流动、不同阶段集中产品的有效服务、产业配套和创新基础设施的支撑等。

# 三、以供给侧结构性改革为主线，推进经济发展方式转变，建设现代化经济体系

以质量变革、效率变革和动力变革，促进经济发展方式转变，转向高质量发展；通过引入全要素生产率作为测度经济运行质量效率的指标工具，深刻理解全要素生产率的作用机理，深入到要素结构如何科学优化去探究如何加快推进现代化经济体系建设。这些经济工作内容都综合体现在宏观经济的"供给侧"，成为新发展阶段在宏观经济运行管理的重要内容。质量、效率和动力都属于供给侧方

面的经济因素，全要素生产率既是表征经济发展效率的指标，也是反映经济运行质量和效率的指标。面对宏观经济管理存在的矛盾和问题，当然是要通过深化改革，以经济体制改革和经济运行机制创新去消解经济运行中所存在的问题。由此生成"供给侧结构性改革"是包含三个方面内容的经济工作术语，这三个方面共同构成有机的整体，成为我国经济转向高质量发展，加快推进现代化经济体系建设的工作任务，成为我国新发展阶段经济工作的主线。

1. 落实供给侧结构性改革工作内容，提升经济运行质量，推进现代化经济体系建设

坚持以供给侧结构性改革为主线，着力培育壮大新动能，经济结构加快优化升级。紧紧依靠改革破解经济发展和结构失衡难题，大力发展新兴产业，改造提升传统产业，提高供给体系质量和效率。深化供给侧结构性改革是建设现代化经济体系的战略措施。随着我国社会主要矛盾转化和经济由高速增长阶段转向高质量发展阶段，制约经济持续健康发展的因素既有供给问题也有需求问题，既有结构问题也有总量问题，但供给侧和结构性问题是矛盾的主要方面。

供给侧结构性改革迫切性在于，针对供给结构失衡，不能适应快速变化的需求结构；供给质量不高，不能满足人民美好生活和经济转型升级的需求；金融、人才等资源配置存在"脱实向虚"现象，影响了发展基础的巩固。

针对存在问题，推进供给侧结构性改革着力点在于，必须把发展经济的着力点放在实体经济上，把提高供给体系质量作为主攻方

向，显著增强我国经济质量优势。为此，需要推动产业优化升级，加快发展先进制造业、现代服务业，加强基础设施网络建设，促进我国产业向全球价值链中高端迈进；要加快形成新动能，鼓励更多社会主体投身创新创业，在中高端的消费、创新引领、绿色低碳、共享经济、现代供应链、人力资本服务等领域培育更多的新的经济增长点；要改造提升传统动能，推动互联网、大数据、人工智能和实体经济深度融合，支持传统产业优化升级；要坚持去产能、去库存、去杠杆、降成本、补短板，优化存量资源配置，扩大优质增量供给，实现供需动态平衡。

深化供给侧结构性改革，增强我国经济创新力和竞争力。建设现代化经济体系，就是要把发展经济的着力点放在实体经济上，把提高供给体系质量作为主攻方向，显著增强我国经济质量优势。在这一过程中，一方面，要继续坚持"三去一降一补"，夯实现代化经济体系建设的宏观基础。通过去产能、降成本和补短板，增加有效供给，切实提升供给体系质量，解决实体经济内部供需结构失衡。与此同时，推进经济去杠杆，防范化解金融风险，实现金融与实体经济再平衡；推进去库存，特别是针对房地产行业而言，需要建立房地产市场平稳健康发展长效机制，在实体经济质量效益得到提升基础上，实现房地产与实体经济再平衡。另一方面，要促进创新创业，建立现代化经济体系建设的长效机制。在现代化经济体系中，创新既包括科技创新、商业模式创新等，也包括制度创新；创业既包括经济或商业意义上的创业，也包括党政干部的有为或创造能经得起实践、人民、历史检验的实绩。为此，微观层面要抓住企业家、科技人员和党政干部三个创新创业的"关键少数"，优化制度供给，鼓励更多社会主体投身创新创业。中观和宏观层面，要营造市场公平竞争环境，发展创新友好型金融体系，维持较高的企业纵向流动性，为创新创业提供不竭动力。

供给侧结构性改革是为了提高供给体系的质量，显著增强我国经济质量优势。深化供给侧结构性改革，重点应该发展先进制造业，在数字经济、智能制造等领域，争取"弯道超车"，培育世界领先企业，培育若干先进制造业集群，提升国际竞争力。这些年，我国形成了一定的质量优势，但还要巩固增强，要形成我们自己的质量优势。深化供给侧结构性改革主要也是围绕产业体系的完善、现代化产业体系的形成来展开的。

要深化供给侧结构性改革，着力降低全社会的土地、能源、通讯、物流、融资成本。党的十九大报告特别提到要打破行政性垄断，加快要素价格市场化改革等。中国现在的实体经济特别是制造业，相当多的成本比发达国家都要高。除了资源禀赋的原因，主要还是体制上的问题，没有一个充分的竞争，资源没有完全优化配置，这应该成为下一步供给侧结构性改革的重点。

从供给端发力，推动中国经济实现质量变革。供需结构调整，是一个挑战性极大的世界性难题。以习近平同志为核心的党中央站在重大战略创新和重大理论创新的高度，从提高供给质量出发，用改革的办法推动结构调整，矫正要素配置扭曲，引领中国经济实现历史性飞跃。在有效化解过剩产能和无效供给方面取得了很大的成绩。2016 年、2017 年两年间我国退出钢铁产能 1.1 亿吨以上，退出煤炭产能超过 4 亿吨，供需关系明显改善，经济运行质量大幅提升。同时，经济发展新动能不断生成。2013 年以来，战略性新兴产业快速发展，符合产业升级和消费升级方向的新产品不断涌现，高端装备制造、智能制造等多个领域取得新突破，新旧动能转换加速。市场主体经营成本持续下降，特别是从 2012 年开始的"营改增"试点，2016 年 5 月全面推行"营改增"，到 2000 年底累计减税近 3 万亿元，① 使企业作为市场主体得以轻装上阵。营业税退出历史舞台，可以促成增值税制度更加规范。这也是自 1994 年分税制改革以来，财税体制的又一次深刻变革。

供给侧结构性改革必须大力发展先进制造业。推进互联网、大数据、人工智能和实体经济深度融合，在这些领域培育新增长点。对传统产业进行优化升级，加快发展现代服务业。要加强基础设施网络建设，包括水利、铁路、公路、水运、航空、管道、电网、信息和物流等等。

深入推进供给侧结构性改革是当前和今后一个时期我国经济工作的主线。按党的十九大报告提法，"三去一降一补"是优化存量资源配置的问题，还有扩大优质增量供给。无论是优化存量，还是扩大优质增量，其目的都是为了实现供需动态平衡。这是问题的关键

---

① https：//zhidao.baidu.com/question/1453502336801003420.html.

之所在。

2. 继续推进全面深化改革，巩固完善社会主义市场经济体制，为现代化经济体系提供制度支撑

习近平总书记在党的十九大报告中对建设完善社会主义市场经济体制有深刻的描述，就是要"着力建构市场机制有效、微观主体有活力、宏观调控有度"，以及经济体制的建设质量，具体表现在"实现产权有效激励、要素自由流动、价格反应灵敏、竞争公平有序、企业优胜劣汰"，[①] 为实现"不断增强我国经济创新力和竞争力"提供经济体制保障。这些也都是推进现代化经济体系建设的工作内容。"改革开放是决定当代中国命运的关键一招，也是决定实现'两个一百年'奋斗目标、实现中华民族伟大复兴的关键一招"。[②] 过去40多年特别是党的十八大以来，推进全面深化改革，形成"五位一体"工作布局，取得了全方位、开创性的成就，全面建成小康社会进入决胜阶段。也正是基于已经积累的工作经验，增强了我们继续深化推进改革开放，夺取新时代中国特色社会主义伟大胜利，实现全面建成社会主义现代化强国的宏伟目标的决心。

推进供给侧结构性改革，工作的着力点和关键在于改革，就是要破除要素市场化配置障碍，降低制度性交易成本。针对长期存在

---

① 习近平：《决胜全面建成小康社会，夺取新时代中国特色社会主义伟大胜利——在中国共产党第十九次全国代表大会上的报告（2017年10月18日）》，人民出版社2017年版。

② 中共中央宣传部编：《习近平新时代中国特色社会主义思想学习纲要》，学习出版社、人民出版社2019年版，第80页。

的重审批、轻监管、弱服务问题，要持续深化"放管服"改革，加快转变政府职能，减少微观管理、直接干预，注重加强宏观调控、市场监管和公共服务。市场决定资源配置的本质要求，就是在经济活动中遵循和贯彻价值规律、竞争和供求规律。我国经济体制改革总体上是遵循这一规律不断深化的，因而推动经济社会发展取得了举世瞩目的辉煌成就。实践证明，社会主义和市场经济能够有机结合。市场经济为社会主义注入蓬勃生机和发展活力，社会主义为市场经济提供崭新境界与制度优势。

推进供给侧结构性改革，就是要使市场在资源配置中起决定性作用，更好地发挥政府的宏观调控作用。我国经济体制改革始终重视将如何处理政府与市场关系作为改革的关键环节，逐步探索形成两者之间的互为感知、互动互恰、有机融合。通过推进供给侧结构性改革作为工作主线，对国民经济运行中明显存在着的结构性矛盾（包括宏观平衡的供求结构、产业布局结构和技术结构等）辅之一定的直接行政举措加以调整，可以为市场的决定作用发挥创造更加宽松的宏观环境条件，以促成市场决定作用能够更加有效，逐步培育形成市场决定作用与政府的宏观调控作用之间的有机结合，促进宏观经济稳定健康前行。联系正在推进的"放管服"改革，也有助于政府职能调整和施政行为的不断优化。保障公平竞争，加强市场监管，维护市场秩序，加强和优化公共服务，弥补市场失灵，促进共同富裕，推动可持续发展。实践证明，伴随着社会主义市场经济体制改革的全面深化，有效的政府治理不仅不能削弱，还要进一步加强，更好地充分发挥中国特色社会主义制度的优越性。

推进供给侧结构性改革，就是要坚持"两个毫不动摇"，[①] 在企业组织形式上，坚持以公有制为主体，多种经济形式共同发展。继续推动国有经济布局调整、结构优化和战略性重组。继续推进国有资产管理工作方式转向"管资本"，用好国有资产"授权经营体制"，处理好国有资本与市场经济的有机结合，善于运用市场杠杆，"做强做优做大国有资本"，促进国有资产保值增值。与此同时，支持民营企业发展，全面实施市场准入负面清单制度，激发各类市场主体活力；在创新和完善宏观调控上下功夫，健全财政、货币、产业、区域等经济政策协调机制，特别是要大力推进金融体制改革，牢牢守住不发生系统性金融风险的底线，增强金融服务实体经济的能力，以制度之力遏制"脱实向虚"等不良现象；继续深化商事制度改革，清理废除妨碍统一市场和公平竞争的各种规定和做法，打破并且防止各种垄断，加快要素价格市场化改革，不断完善市场监管体制。

进入高质量发展阶段后，将会遇到以往高速增长阶段未曾遇到的挑战，要面对并解决许多新矛盾、新问题，从根本上说，必须进一步深化供给侧结构性改革，加快营造与高质量发展相适应的体制政策环境。要更加重视创新环境建设。成功的创新取决于诸多条件，根本的一条，是要形成有利于创新的环境条件，包括知识产权的保护和激励，企业家、科学家等创新主体的稳定预期，各种创新要素

---

① 两个毫不动摇：毫不动摇巩固和发展公有制经济，毫不动摇鼓励、支持、引导非公有制经济发展。

的自由流动和优化组合，创新不同阶段金融产品的有效服务，产业配套条件和创新基础设施的支撑等。国内外经验表明，成功的创新主要源于区域性创新中心和创新型城市，就是由于这些地区比其他地区具备更好的创新环境。必须加快科技体制改革，进一步开放创新要素市场，形成改善创新环境的地区间竞争机制，推动更多的区域创新中心和创新型城市脱颖而出。

必须十分重视绿色发展的体制机制建设。生态文明建设和绿色发展的新理念正在深入人心，关键是如何把理念转变为行动，把习近平总书记提出的"绿水青山就是金山银山"发展理念真正落到实处。绿色发展是一种新的发展方式，不仅要做减法，治理污染，更重要的是做加法和乘法，形成新的消费升级动能、经济增长动能和创新发展动能。促进绿色发展，要注重生态资本核算的研究和实践探索，逐步使绿色发展由政府提供的公共产品、社会团体和个人开展的公益活动，转变为更多企业和个人参与的日常经济活动；加快形成绿色生产和消费的法律制度、政策导向，建立健全绿色低碳循环发展的经济体系；形成市场导向的绿色技术创新体系，发展绿色金融，积极探索绿色发展带动欠发达地区脱贫的有效途径。

开放也是改革，继续推进高水平的对外开放，可以为促进改革注入特别的力量。结合"一带一路"倡议的实施，通过走出去与引进来"两条腿"有效配合，不断刷新开放理念。发力推进在推进"商品型"开放、"要素型"开放，朝着"制度型"开放迈上新的台阶。要创新外投方式，加强国际产能合作。要更好地利用国际国内两个市场、两种资源。党的十九大再一次强调了我国仍然是一个发展中国家，需要继续学习发达国家的先进技术和经验，在更高水平上融入全球分工体系，这是我国需要引进利用外资的根本原因。同时，我们也要积极稳妥地走出去，对接国际上处在价值链中高端的技术、管理、供应链、营销渠道、品牌、人才等优质要素，全面提升我国产业和企业的国际竞争力，形成更具广度和深度的开放型经济体系。这一切也需要加快改革来完成。

全面深化改革是解决现阶段我国社会主要矛盾的根本途径。改革的实践，是围绕解决社会主要矛盾来进行布局和展开的。过去，我国社会主要矛盾是人民日益增长的物质文化需要同落后的社会生产之间的矛盾。进入新时代，我国社会主要矛盾已经转化为人民日益增长的美好生活需要和不平衡不充分的发展之间的矛盾。这一历史性变化，是我国生产力水平总体提高的必然结果，彰显了改革在发展社会生产、解决人民物质文化需要方面具有的独特优势。在新的发展中遇到的难题，需要用更高质量的发展来解决，用更坚定的改革来破解。解决各区域各领域各方面发展不够平衡、一些地区和领域有些方面发展不足的问题，关键就要靠全面深化改革。必须以已有的发展为基础，通过全面深化改革，大力推动平衡发展和充分发展，更好满足人民在经济、政治、文化、生活、社会、生态等方面日益增长的需要，更好实现人的全面发展和社会全面进步。

全面深化改革是履行中国共产党的历史使命的必然选择。党的十九大报告开宗明义地指出，中国共产党人的初心和使命，就是为中国人民谋幸福，为中华民族谋复兴。建党以来，为了实现中华民族伟大复兴的历史使命，无论是弱小还是强大，无论是顺境还是逆境，我们党都初心不改、矢志不渝，团结带领人民历经千难万险，付出巨大牺牲，创造了一个又一个彪炳史册的人间奇迹。实践充分证明，只有中国共产党才能带领人民实现中华民族伟大复兴的梦想。今天，我们比历史上任何时期都更接近、更有信心和能力实现中华民族伟大复兴的目标，但也面临不少困难和挑战、阻力和压力。坚持全面深化改革，是实现"两个一百年"奋斗目标、实现中华民族伟大复兴中国梦的题中应有之义和必然选择。

# 第三章　建设协同发展的产业体系

　　产业体系是经济体系建构中承载国民经济活动的本体，产业体系的成熟程度是衡量一个国家综合实力的关键内容和主要标志，也是衡量经济体系现代化水平、涵育国家经济竞争实力的物质基础力量和主要载体。新中国成立 70 多年来，尤其是改革开放 40 多年来，通过几代人不懈探索和接续努力，中国实现了史无前例的大规模工业化，建立起符合中国国情特点、发展阶段要求、联接全球分工链、动态演进的现代产业体系。2020 年我国三次产业增加值占 GDP 比重为 7.7:37.8:54.5，[①] 制造业产出占全球制造业比重超过 20%，世界 500 多种主要工业品产量冠军中近半来自中国，中国也借此成为全球制造业第一大国和全球第一大贸易国，无论是产业体量、结构组成、行业影响力还是国际地位，中国产业发展以及产业体系建设

---

　　[①] 杨睫妮：《2020 年中国国内生产总值（GDP）及三大产业增加值统计分析》，华经情报网，2021 年 1 月 18 日，https://www.huaon.com/channel/chinadata/681699.html。

取得了举世瞩目的成就，有力支撑了中国经济高速发展和社会主义建设。

但同时也要看到，随着全球产业竞争位势和中国经济发展阶段的变化，传统产业领域竞争甚至对抗日趋白热化，同时各国纷纷布局抢占新一轮科技革命和产业革命的制高点，未来中国需要什么样的产业体系，以支撑现代经济体系建设，支撑两个百年目标和"中国梦"的实现？党的十九大报告给出解答并做出了战略部署，即**"着力加快建设实体经济、科技创新、现代金融、人力资源协同发展的产业体系"**。这一新论述是党中央针对现实国情和社会主要矛盾变化所作的一个重要战略论断，也成为中国供给侧结构性改革的主战场。理解其内在的逻辑关联及内涵，需要关注和回答三个问题，即：我们需要什么样的产业体系？为什么要强调协同发展？如何构建协同发展的产业体系？

# 一、建设协同发展产业体系的重要意义

## 1. 协同发展产业体系的提出背景

产业对于任何一个经济体都非常重要。它是经济活动的微观集合和中观载体，更是一国竞争力的直接体现。迈克尔·波特（1985）在他的代表作《国家竞争优势》中提到，国家的竞争力在于其产业创新与升级的能力。什么样的产业才称得上"国际成功"，波特回答，是拥有足以与世界级竞争对手较劲的竞争优势产业。但这还不够，反观主要工发达国家的产业发展历程，可以看到，单靠某个或几个"国际成功"的产业，还无法塑造一个国家经济实力和竞争力，产业之间的组成和关联同样十分重要。因此，讨论国家经济竞争力，还必须将目光从产业扩展到产业体系上。

产业体系作为不同产业的有机结合，测度的既包括产业集合整体的价值创造能力，也包含产业间的组成结构关系。工业革命以来，理论界和经济决策者都在探索什么样才是最佳的产业体系，笔者认为至少可从供需两个维度衡量。从供给侧看，要考虑三个主要因素：一是横向的总体价值创造能力，附加值高的产业越多，代表这个产业体系越有竞争力；二是纵向产业带动能力，测度的协同能力，一个产业能够带动更多的上下游产业，代表这个体系越有生命力；三是结构多元化程度和比例关系，测度的是接续发展能力，产业越多元、比例均衡，发展越持续。对应的需求侧看，好的产业体系：一是要有就业创造能力，并通过收入分配，转化为持续的购买力；二是提供的商品和服务价格合理且稳定；三是满足多元化需求。

对任何一个国家、地区或城市而言，谁拥有更多的"具有国际竞争实力"（又称之"国际成功"）的产业，并构建起多样互补、接续成长、满足需求的产业体系，那么谁就拥有了可以参与和主导世界竞争的主动权。独木难成林，国际成功产业的发展同样需要有产业生态环境。因此，**提升国家长期竞争力，最终讨论的不仅是产业**

**升级问题，还有应该选择和构建什么样的产业体系**。这方面，可以看到不同规模的国家、不同发展阶段的国家、不同资源禀赋的国家、不同文化传统的国家，产业体系有非常大的差异，美国的产业体系不同于瑞士，美国与印度的产业体系也会有很大不同。选择和构建什么样的产业体系，还必须考虑国情、发展阶段、资源禀赋、文化等情况。中国作为发展中大国，在选择和构建现代产业体系的过程中，既要善用后发优势，吸取先行大国发展的经验和教训，也要挖掘国情特点，发挥中国特色背后的体制优势和禀赋优势。

中国的产业体系建设，有一条逻辑脉络就是立足国情、围绕需求导向并动态调整的。回顾 70 多年社会主义经济建设历程，生存、稳定和发展先后成为我国产业体系建设目标函数中的三个关键目标。从 20 世纪 40 年代末到 70 年代，国家面临的首要问题是生存和稳定，生存涉及主权完整，就同国防工业和军事实力关联，与工业化水平直接相关；稳定要求温饱和就业，与第一产业、第三产业直接相关；发展依赖创新，与工业发展能力相关。这三个目标中，共同的交集就是作为实体经济主要构造的工业制造业，这意味着新中国产业体系建设是要在有限的经济资源下，把工业化放在产业体系建设的首位，因而建立一个独立的比较完整的工业体系和国民经济体系，成为新中国成立后我国经济领域的战略方向和主要目标。早在 1953 年明确"一化三改"过渡时期总路线，就明确提出逐步实现国家的社会主义工业化，并逐步实现国家对农业、手工业和对资本主义工商业的社会主义改造。1964 年第三届全国人民代表大会第一次会议通过的政府工作报告对工业化目标进一步明确为两步走，即第一步建立一个独立的比较完整的工业体系和国民经济体系，第二步全面实现农业、工业、国防和科学技术的现代化，使我国经济走在世界前列。改革开放之初，建立独立的比较完整的工业体系目标基本实现，1952—1978 年工业年均增速达到 11.2%，[①] 但由于农业和第三产业的欠发达，第一步目标中的产业体系建设任务尚未完成。

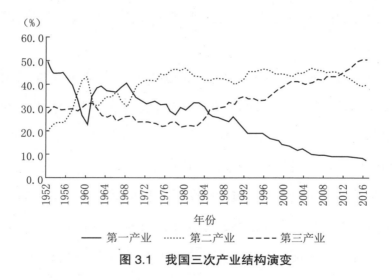

图 3.1　我国三次产业结构演变

改革开放后，产业体系建设的优先顺序发生重大变化，稳定和发展、就业和创新取代生存成为首要考虑因素，进而产业体系建设目标进一步调整为两个战略方向：一个是通过市场化改革提高工业

---

　　① 　王小鲁：《中国改革开放极简史》，搜狐网，2018 年 11 月 28 日，https：//www.sohu.com/a/278395116_498729。

发展质量和效益，推动传统产业升级，大力发展高科技产业；另一个是强调一二三产业协调发展，特别是发展第三产业成为产业体系建设的重中之重。至于关乎产品质量和效益方面，事实上在党的八大政治报告中也就曾经提到，社会主义优越性不但要表现在经济成就数量和进度上面，还必须表现在它的质量上面；同时提到，在资金、原料、市场所允许的范围内，适当地注意发展轻工业，对于建设重工业不但无害，而且有利。当时由于政治运动以及计划经济执行中的缺陷，这两个问题没有真正解决。党的十一届三中全会后，在党和国家大力推动下（见表3.1），通过改革开放建立了竞争和对标体系，引入了非公有制经济，这两个问题得到逐步得到解决。从数量（为先）——比例（协调）——质量（效益）——协同（持续），中国产业体系建设走过一个坎坷但激动人心的历程。

回顾中华人民共和国成立70多年的发展历程，我国产业体系建设取得了世界瞩目的成就，但也走过一些弯路。从成功因素看，相关经验至少可以总结为三条：一是务实以需求为导向，保持了发展战略的稳定性，并根据主要矛盾变化，确定政策设计，动态匹配经济和社会需求；二是国家强力推动，通过政治效率优势保障相关战略的实施和纠错，明确目标，倒排节点，纳入考核，实现经济持续增进；三是坚持立足国情特点，充分考虑和体现中国特色，产业发展和体系建设体现除了较强生命力。从教训看，主要是在强调发展为导向的产业体系建设过程中，必须对经济规律给予足够的敬畏和尊重。

表 3.1　新中国成立以来中国共产党历次全国代表大会对产业体系战略相关表述

| 党代会 | 总体思路 | 重点任务 |
|---|---|---|
| 八大报告（1956 年） | "一化三改"：**建立社会主义工业化的初步基础**，建立对农业、手工业和资本主义工商业社会主义改造的基础。 | （1）继续进行**以重工业为中心**的工业建设，推进国民经济技术改造；（2）继续完成社会主义改造，巩固和扩大集体所有制和全民所有制；（3）在发展基本建设和继续完成社会主义改造基础上，进一步发展工业、农业、手工业的生产，相应发展运输业和商业；（4）努力培养建设人才，加强科学研究；（5）在工农业生产发展基础上增强国防力量，提高人民物质生活和文化生活水平。 |
| 九大报告（1969 年） | **多快好省建设社会主义**，促使经济战线和社会主义建设事业出现新跃进。 | 根据"备战、备荒、为人民"战略，"以农业为基础、工业为主导"等一系列方针，积极稳妥解决经济战线斗、批、改政策问题。狠抓革命，猛促生产，完成和超额完成发展国民经济的计划。 |
| 十大报告（1973 年） | **多快好省建设社会主义**，使社会主义经济有更大发展。 | 继续执行"以农业为基础、工业为主导"的方针和一系列两条腿走路的政策，独立自主，自力更生，艰苦奋斗，勤俭建国。工业学大庆，农业学大寨。 |
| 十一大报告（1977 年） | 到 1980 年**建成我国独立的比较完整的工业体系和国民经济体系**。 | 国民经济纳入有计划、按比例、高速度发展的社会主义轨道，以农业为基础、工业为主导，实现农业、轻工业、重工业和其他经济事业的协调发展，全面跃进。"五五"计划期内，把全国 1/3 企业建成大庆式企业，1/3 县建成大寨县。 |
| 十二大报告（1981） | 力争 20 世纪末工农业年总产值翻两番，**逐步实现工业、农业、国防和科学技术现代化**。 | 继续坚定不移地贯彻执行调整、改革、整顿、提高的方针，把全部经济工作转到以提高经济效益为中心的轨道上来；重点解决好农业、能源、交通问题和教育、科学问题；正确贯彻计划经济为主、市场调节为辅的原则。 |

续表

| 党代会 | 总体思路 | 重点任务 |
|---|---|---|
| 十三大报告（1987年） | 执行**注重效益、提高质量、协调发展、稳定增长**的战略。20世纪末工业主要领域在技术方面大体接近经济发达国家70年代或80年代初的水平。 | 合理调整和改造产业结构，以运用先进技术改造和发展我国传统产业为重点，同时注意发展高技术新兴产业。全面发展农村经济；充分重视基础工业和基础设施，加快发展以电力为中心的能源工业、原材料工业、交通业和通信业；努力振兴机械、电子工业；大力发展建筑业。重视发展第三产业，努力实现一、二、三产业协调发展。 |
| 十四大报告（1992年） | **调整和优化产业结构，**高度重视农业，加快发展基础工业、基础设施和第三产业。 | 着力提高第一产业即农业的质量，稳步增加产量；继续发展第二产业，积极调整工业结构，加快交通、通信、能源、重要原材料和水利等基础设施和基础工业的开发与建设，不失时机地发展高新技术产业，固定资产投资的重点应当放在加强基础设施、基础产业，以及现有企业的技术改造和改建扩建。大力促进第三产业兴起。 |
| 十五大报告（1997年） | 为21世纪中叶基本实现现代化打下坚实基础。**调整和优化经济结构。** | 坚持把农业放在经济工作的首位，确保农业和农村经济发展、农民收入增加。改造和提高传统产业，发展新兴产业和高技术产业，推进国民经济信息化。继续加强基础设施和基础工业，加大调整、改造加工工业的力度，振兴支柱产业，积极培育新的经济增长点。把开发新技术、新产品、新产业同开拓市场结合起来，把发展技术密集型产业和劳动密集型产业结合起来。鼓励和引导第三产业加快发展。 |
| 十六大报告（2002年） | 走出一条**科技含量高、经济效益好、资源消耗低、环境污染少、人力资源优势充分发挥**的新型工业化路子。 | 坚持以信息化带动工业化，以工业化促进信息化，推进产业结构优化升级，形成以高新技术产业为先导、基础产业和制造业为支撑、服务业全面发展的产业格局。正确处理发展高新技术产业和传统产业、资金技术密集型产业和劳动密集型产业、虚拟经济和实体经济的关系。 |

| 党代会 | 总体思路 | 重点任务 |
|---|---|---|
| 十七大报告（2007年） | 坚持走中国特色新型工业化道路，促进经济增长由主要依靠第二产业带动向一、二、三产业协同带动转变。 | 发展现代产业体系，大力推进信息化与工业化融合，促进工业由大变强，振兴装备制造业，淘汰落后生产能力；提升高新技术产业，发展信息、生物、新材料、航空航天、海洋等产业；发展现代服务业，提高服务业比重和水平；加强基础产业基础设施建设，加快发展现代能源产业和综合运输体系。确保产品质量和安全。 |
| 十八大报告（2012年） | 着力加快建设实体经济、科技创新、现代金融、人力资源协同发展的产业体系 | 牢牢把握发展实体经济这一坚实基础，强化需求导向，推动战略性新型产业、先进制造业健康发展，加快传统产业转型升级，推动服务业特别是现代服务业发展壮大，合理布局建设基础设施和基础产业。建设下一代信息基础设施，发展现代信息技术产业体系，健全信息安全保障体系，推进信息网络技术广泛运用。 |
| 十九大报告（2017年） | 着力加快建设实体经济、科技创新、现代金融、人力资源协同发展的产业体系。 | 建设现代化经济体系，必须把发展经济的着力点放在实体经济上，把提高供给体系质量作为主攻方向，显著加强我国经济质量优势。加快建设制造强国，加快发展先进制造业，推动互联网、大数据、人工智能和实体经济深度融合，在中高端消费、创新引领、绿色低碳、共享经济、现代供应链、人力资本服务等领域培育新增长点、形成新动能。支持传统产业优化升级，加快发展现代服务业，瞄准国际标准提高水平。促进我国产业迈向全球产业链中高端，培育若干世界级先进制造业集群。 |

党的十九大提出建设"四位一体"协同发展的产业体系，我们理解为"一核三源"来加以讨论，既秉承和体现着上述三点特质，同时与以往相比，也彰显着新的国情和新时代特点的不同点。这主

第三章　建设协同发展的产业体系

要是因为：第一，以往人们提产业体系，通常是指第一、第二和第三产业的比例关系，在很长一段时间里，理论界和政策实践都认为以第三产业为主导的产业体系是现代化和产业体系先进的标志，第三产业占比越高越好。同时在一些发达国家的实践中，近几十年日益强调金融产业的主导作用，金融中心一度是各国争夺的焦点和政策推动点。党的十九大强调协同发展的产业体系，与以往有着显著不同，最直观的就是产业体系演进到一定阶段后，不再是单纯以比重论英雄，而要讲协调发展、均衡发展。第二，强调以发展实体经济为核心，从供给侧角度将高阶生产要素——科技创新、现代金融、人力资源与实体经济发展逻辑关联起来（以下简称"一核三源"）协同发展，实质上是讲升级发展、科学发展。

提出构建协同发展的产业体系，遵循的是"问题导向"的实事求是的思想方法。一方面，中国产业发展取得了巨大进步，但结构性问题日益凸显，实体经济与科技创新、现代金融、人力资源之间的结构性失调，成为经济发展不平衡、不充分的关键因素之一。党的十九大报告中提到面临的七方面困难和挑战，第一条就是发展不平衡不充分的一些突出问题，包括发展质量和效益不高，创新能力不够强，实体经济水平有待提高。这里面提到的既有实体经济的全要素生产率和附加值提升问题，也包括科技创新、现代金融、人力资源与实体经济的协同，这几个密切相关的经济因素方面还无法满足人民生活需求和经济高质量发展的要求。另一方面，2008年全球金融危机后，对经济金融化的负面影响，日益引起各国政策决策者

99

和理论界的反思，欧美纷纷重提制造业回归，美国成为逆全球化的急先锋。伴随着外部环境和中国在全球产业竞争中位势的变化、经济发展阶段的转变以及对实践的反思，产业体系的转型升级日趋紧迫。

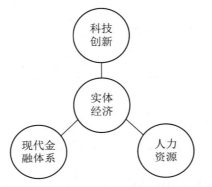

**图 3.2　"一核三源"协同发展的产业体系**

2. 当前产业体系存在的主要问题

对标高质量发展以及参与新一轮全球产业竞争的总体要求，当前我国产业体系，包括实体经济、科技创新、金融以及人力资源，还存在不平衡不充分的问题，主要表现为以下几个方面。

**实体经济转型升级难题**。突出表现为国内传统产业过剩与新消费品供给不足现象并存。一方面传统工业企业产能过剩不断加剧。近几年来，众多昔日明星产业，同时出现数年罕见的滞销现象。中央经济工作会议提出推进"供给侧结构性改革"的宏观经济管理的总体工作思路之前，以比较突出的 2015 年为例，当年全国煤炭年产能 57 亿吨，产量仅 37 亿吨，产量和价格连续下滑；发电装机突破

14亿千瓦，发电量下降0.2%，是1968年以来第一次；钢铁年产能12亿吨，年实际产出产量仅8.04亿吨，同比下降3.2%，是1981年来第一次；汽车年产能近4000万辆，当年销售2460万辆；造船能力年8000万载重吨（60%集中于大宗商品散货轮），当年新订单仅3126万载重吨，同比下降47.9%，工信部预计整个"十三五"全球新船年均需求仅8000—9000万载重吨。[①] 另一方面，中等收入人群亿计，消费结构发生快速变化，部分升级需求无法得到满足，在国外抢购马桶盖、电饭煲、电吹风、刀具等，一度成为媒体热点。解决这些问题需要新供给。

**实体经济与科技创新失调**。从创新的各个环节看，从投入、研发到成果转化，对实体经济发展的支撑力度都需要进一步加强。投入方面，整体来看，实体经济领域研发强度相对国外发达国家同类企业还有限，增长模式依然以规模来扩张；基础研究经费投入比例相对发达国家仍然较低，重大原创性理论的科研突破仍有限。研发方面，基础创新和高端领域的创新能力还不够强，许多高端装备制造业的关键核心零部件仍依赖进口，一些领域"缺芯少魂"现象突出，相关技术亟待突破；创新碎片化现象依旧存在，一些力量有待整合。从成果转化看，科研与经济"两张皮"问题依然比较突出，科研论文和专利数量已经居全球前列，但"纸变钱"还比较难，转化率低的问题依然困扰。

---

① 相关数据根据有关文献整理。

    **实体经济与金融发展的失调**。如上所述，我国经济生活中存在着的结构性矛盾，还突出表现为经济运行"脱实向虚"和经济金融化趋势。一方面，国内工业增加值比重持续下滑，2007年工业增加值比重占 GDP 41.33%，2017年降至33.85%，且存在着连续走低的趋势，到2020年上半年，降至33%。[①] 另一方面，金融业快速增长，宏观杠杆率持续提高，2007年国内金融业增加值占 GDP 比重仅为5.6%，2017年已经提高到7.95%，2015年峰值高达8.4%，这一比重已经高于发达国家水平，如美国目前该比重为7.2%，英国为8.1%，日本5.7%；2017年中国宏观杠杆率（银行业总资产/GDP）超过300%，远超美国近80%的水平。此外，数据显示，2016年末银行业金融机构表外业务余额253.5万亿元，相当于表内总资产规模1.09倍。大量金融资源，特别是在部分金融创新刺激下，增量表内表外金融资源通过各种通道和产品，流入房地产、产能过剩等行业，同时巨量资金空转现象也日趋突出。数据显示，2016年有767家上市公司购买了银行理财产品、证券公司理财产品、信托贷款、私募等金融产品总金额达7268.76亿元。[②] 金融对资金、人才等强大虹吸能力，削弱了对实体经济发展的支撑，加剧了虚拟经济风险的积累和系统的不稳定性，影响国计民生和经济发展。

---

    ① 李毅中："尚未全面工业化，我国工业占比已仅剩1/3"，《每日经济新闻》2020年10月2日。

    ② 王国刚：《中国金融改革发展的方向》，搜狐网，2017年8月2日，https://www.sohu.com/a/161687068_481887。

**实体经济与人力资源失调**。创新背后的关键是人才，当前存在的主要问题有两个方面。一方面，实体产业领域创新领军人才、创新型企业家队伍都很缺乏，高技能人才的数量和质量都无法满足实体经济升级发展的要求。以技能人才为例，目前的一个总体特点是出现就业人口总量大，技能和高技能人才比重双低的情况。从数据看，2019年我国就业人口总量7.7亿，其中城镇就业人员4.4亿人。全国就业人员中，第一产业就业人员占25.1%，第二产业就业人员占27.5%，第三产业就业人员占47.4%。第三产业就业人员占比连续5年上升，比2015年提高5个百分点。在7.7亿就业人口中，技能劳动者1.65亿，占比21.3%，高技能人才4791万人，占比6.2%，这个比重较德国、日本等制造业强国的一半，缺口过千万。[①] 另一方面，由于金融、房地产等产业高速增长以及产业附加值较高，吸引了大量人才脱实向虚，实体经济发展的人才支撑被削弱。

### 3. 协同产业体系建设的逻辑内涵

**如何建设协同发展的产业体系？** 党的十九大提出要以高水平的科技创新作为支持，发挥科技创新对构建现代产业体系的独特作用，使科技创新成为产业升级的持续驱动力。以现代金融为保障，更好发挥资本市场、绿色金融、风险投资、并购投资、保险等金融工具的功能，为实体经济提供高效便捷、功能多样、成本合理的融资服

---

① 人社部发布《2019年度人力资源和社会保障事业发展统计公报》，《人民日报》（海外版）2020年6月5日。

务，强化金融的实体经济输血功能。以人力资源培育为支撑，为各行各业转型升级提供符合需要的高素质人力资源和各类实用型人才，以人力资本提升弥补劳动力资源总量下降的不足。协同意味着实体经济发展与科技创新、现代金融、人力资源之间是相互促进、相互依赖的一个整体。习近平总书记在 2018 年两会期间，对现代产业体系有了进一步阐述，针对内蒙古提出了"构建多元发展、多极支撑的现代产业新体系"。可见，"着力加快建设实体经济、科技创新、现代金融、人力资源协同发展的产业体系"，并不仅仅是一个产业发展的问题，而是涉及从微观生产要素到宏观经济环境的一个系统性、全局性问题。

强调建设协同发展的产业体系，本质上是要加快构建产业新的竞争能力。这里面，最为关键的有三点。**一是培育新的更具竞争力的生产要素**。生产要素质量决定着产业发展质量，推动生产要素向高质量升级，是产业升级发展的微观基础，也是供给侧结构性改革的重要内容。现代生产函数中最核心的三要素是技术、资本和劳动力，推动要素升级就是要根据实体经济高质量发展的要求，推动生产要素的更新迭代。**二是生产要素的有序流动**。总体上，就是要通过加快要素市场化改革和再平衡，引导高质量的生产要素更多地流向实体经济，减弱虚拟经济的过度"虹吸效应"，形成更多适用于实体经济的中高端创新成果，与实体经济融合更紧密的现代金融体系，支撑创新和产业升级的人才队伍，以此实现资源配置结构的优化。**三是实现生产要素的优化配置**。通过各个要素与实体经济之间的共同促进、相互协同，实现产品和服务的升级换代，实现资源配置效率的提升，来提高发展的质量和效益，最终进入高质量发展良性循环的轨道。

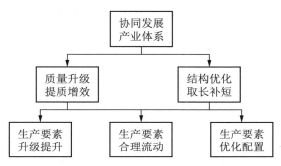

**图 3.3　协同发展产业体系建设主要要素**

实现这些总体上要依赖质量变革、效率变革和动力变革。习近平总书记 2018 年 1 月 30 日在中央政治局第三次集体学习中指出："建设创新引领、协同发展的产业体系，实现实体经济、科技创新、现代金融、人力资源协同发展，使科技创新在实体经济发展中的贡献份额不断提高，现代金融服务实体经济的能力不断增强，人力资源支撑实体经济发展的作用不断优化。"

# 二、重视加强建设实体经济

党的十九大报告提出，建设现代化经济体系，必须把发展经济的着力点放在实体经济上，实体经济是我国经济发展、在国际经济竞争中赢得主动的根基。2017 年 12 月 13 日，习近平总书记到徐工集团考察，这是其十九大后的首次调研，他在现场谈话中强调："中国这么大，必须始终高度重视发展壮大实体经济，不能走单一发展、脱实向虚的路子。发展实体经济，就一定要把制造业搞好，当前特别要抓好创新驱动，掌握和运用好关键技术。"事实上，党的十八大报告已明确提出，要"牢牢把握发展实体经济这一坚实基础，实行更加有利于实体经济发展的政策措施"。为什么要把实体经济放在如此重要的地位？

1. 什么是实体经济

实体经济是现代产业体系的核心，了解其内涵非常必要，知道它包含什么，才能有的放矢。实体经济并不是一个严格的经济学术语，它包括农业、工业，也包括现代服务业中的很多产业，主要是针对虚拟经济而言，因此界定了虚拟经济，其余的业态就可归入实体经济。对于什么是虚拟经济，理论界有三种观点。

**第一种观点：虚拟经济主要指金融**。其主要源于虚拟资本（fictitious capital）概念。马克思最早在《资本论》一书中提出："随着生息资本和信用制度的发展，一切资本好像都会增加一倍，有时甚至增加两倍，因为有各种方式使同一资本，甚至同一债权在不同的人手里以不同的形式出现。"久而久之，虚拟资本参与职能资本创造的平均利润的分割而获得利息这样的事实逐渐使"资本是一个自行增殖的自动机的观念就牢固地树立起来了"。马克思提到的虚拟资本实质上是收入的资本化，物化在有价证券（国库券、股票等）上面，是"现实资本的纸质副本"，代表着对现实资本的所有权，但并不能支配现实资本的运作，只能作为未来获得相应受益的凭证。

因此，马克思所说的虚拟资本有两个特点：本身没有价值也不创造价值，但通过资本循环运动参与利润分配。在马克思看来，虚拟资本主要指金融。现代意义的虚拟经济主要指与虚拟资本以金融市场为主要依托的循环运动有关的经济活动，也就是直接以钱生钱的经济活动。虚拟经济也可以解释为是资本脱离实物经济的价值形态独立运动的经济。那么，实体经济则是指以提供现实的具有价值的产品或服务为基础的经济活动。

**第二种观点：虚拟经济指金融和房地产**。一些学者对属于虚拟经济的领域进行了进一步的界定，划分实体经济和虚拟经济的标准应当是"杠杆率"，所谓实体经济就是指"杠杆率"比较低的经济活动，因此为商品生产和服务提供低负债支持的金融活动应算作实体经济，而房地产、耐用品收藏等炒作活动则应算作虚拟经济。采用这一定义的代表国家是美国，自次贷危机发生后，美联储多次提及实体经济，把其定义为除去房产市场和金融市场之外的部分，包括制造业、进出口、经常账、零售销售等的部分。这种划分的优点在于把具有金融属性的房地产、耐用品收藏等都一并考虑进来，不是就金融谈金融，在分析上更加全面。但存在的主要问题是把杠杆率作为划分标准，无法穿透揭示虚拟经济与实体经济的本质区别。

**第三种观点：虚拟经济指网络经济**。主要是指 20 世纪 90 年代以来，以互联网兴起为代表的新经济形态，企业通过网上进行交易，诸多平台经济都可以纳入这一范畴。英文为 Virtual economy，也就是人们通常所说的网络经济。这里的虚拟与前面两种所谈的虚拟有很大不同，前面谈的虚拟主要指脱离生产过程和价值创造过程的资本所进行的"以钱生钱"的经济活动；后一种更多是物理形态意义上的区分，由于这种经济活动中，交易双方不是在有形的交易场所展开交易，因此用虚拟来称呼。事实上，这种经济形态更多的只是交易形式和商业模式的一种变化，数字背后仍是商品和服务的流通和交易，因此，近几年对这种经济形态也有了一种新的称呼，叫新实体经济。

我们讲的实体经济，主要是针对金融以及具有金融属性的房地产等为代表的虚拟经济而言，其本质特征是马克思所讲的虚拟资本概念。需要注意的是，随着经济社会的发展，实体经济不能仅被狭义地理解为生产物质产品的部门，服务业和文化产业等无形产品的生产行业已成为了人类生存和发展所必需的劳动部门，其劳动创造使用价值和价值，因此精神产品生产行业和服务行业也是实体经济的重要组成部分。因此，实体经济的现代化，包括第一产业稳固的现代农业基础，第二产业迈向中高端的制造业，以及第三产业中匹配生产行业发展的现代服务业。

**2. 为什么要强调实体经济**

发展实体经济的重要性可以从两个角度考量，一个是虚拟经济角度，另一个是实体经济角度。从虚拟经济角度解释，由于虚拟经济中的虚拟资本部分本身不创造价值，虚拟经济脱离实体经济的过度繁荣，通常会引发金融危机，也即马克思所提到的"虚拟资本规模超过现实资本过度地发展就会引起资产泡沫"。从实体经济角度看，其在价值创造和经济发展中基石作用早已得到理论界和实践的检验，特别是其对于创新、就业和长期稳定增长的重要作用，2008年全球金融危机后，以美国为首的发达国家受到巨大冲击，反向对照新兴国家经济快速增长，使人们重新反思实体经济在经济增长中的地位，保持实体经济合理比重、大力发展实体经济渐成全球共识。

**首先，实体经济关乎就业**。实体经济既包括农业、工业等物质生产部门，也包括与农业、工业密切相关的服务业，尤其是生产性服务业，因此实体经济成为吸纳就业的绝对主力。随着城镇化、工业化的不断深化，服务业以及中小企业成为吸纳劳动力的主力军，因此解决就业问题主要依靠实体经济发展，特别是服务业的发展。2020年，全国就业人口中，第一、第二和第三产业从业人员占比分别为22.4%、28.8%、48.8%。需要看到的是，尽管工业部门，特别是制造业部门就业人口比重已经低于第三产业，但由于其基础产业的特质，其产业发展情况直接关系到服务业的发展状况。相对而言，金融业是典型的资本密集型行业，目前尽管我国金融业增加值占GDP比重已经达到近8%，但就业人口总数仅约800万人，约占全国就业人口1%。

**其次，实体经济关乎科技成果应用创新**。以主体制造业为例，加里·皮萨诺和威利·史（2014）在《制造繁荣：美国为什么需要制造业复兴》①一书中提出："当一个国家失去制造能力时，同时也在失去创新能力。"由于制造业本质上是一项知识型工作，制造复杂产品和系统的技术能力与运作能力影响甚至决定了一个国家能否从创新中创造并获取价值的能力，因此制造和创新在同一块产业公地上共同成长。就同一问题，瓦科拉夫·斯米尔（2014）在《美国制造：国家繁荣为什么离不开制造业》中强调："如果一个发达的现代经济体要想真正地实现繁荣富强，那么必须有一个强大、多样和富于创造性的制造行业。"两位作者共同回答了为什么制造业是立国之本、兴国之器、强国之基，简言之，制造业即创新之本，制造业强盛与否成为一国或城市长期综合实力和竞争力的重要体现。

**再次，实体经济关乎增长和国民经济运行的稳定性**。虚拟经济的本质是财富分配而不是财富创造。弗洛哈尔（2017）在他的著作中形象地把金融称作索取者，实体经济是制造者，金融在就业创造、科技创新和真正的项目融资方面贡献有限，而是关注已有资产（房屋、股份、债券等）的证券化上。数据显示，占美国经济总量7%的金融，提供了4%的就业，却分割了企业总利润约25%。虚拟经济下，金融成了目的本身，"窃取未来的资产"，而不是"社会主体经济"的助力。20世纪早期经济金融化开始蔓延时，美国商业银行对实体经济的贷款与对房地产和消费者的贷款持平，比例稳定在

---

① ［美］加里·皮萨诺、威利·史：《制造业繁荣：美国为什么需要制造业复兴》，机械工业信息研究院战略与规划研究所译，机械工业出版社2014年版。

80％，到 20 世纪 90 年代末降至 52％，到 2005 年只有 28％。更有甚者，虚拟经济过度发展引发"哥白尼革命"，即实体经济改变了轨道，围着金融转，最终通过虹吸效应、收入分配两极分化等拖累经济增长。

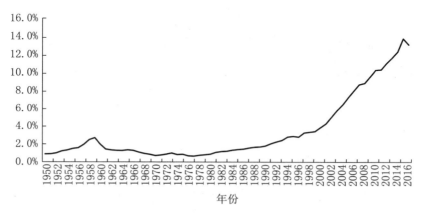

**图 3.4　1949 年以来中国出口占全球出口份额变化**

　　中国实体经济发展存在三大问题。**一是科技含量和附加值较低**。2020 年，我国出口占全球总份额接近达到 15％[①]，连续十年位居世界第一，其中纺织、服装等出口份额接近 40％，办公和电信设备 33.7％，集成电路及电子元器件也在 20％ 左右，已成为美国、欧盟和日本等发达经济体进口的第一大来源国。但附加值在主要经济体中处于中等偏低水平，部分高端制造业领域的核心技术掌握在外国企业手中，这些技术基本上都是本领域"皇冠上的明珠"，要集中

---

　　① 腾讯新闻：《中国出口比重在 2020 年，升至全球 15％！你认为未来将继续保持吗？》，腾讯网，2021 年 4 月 28 日，https://new.qq.com/omn/20210428/2021042 8A0D50T00.html。

摘取众多的明珠，既需要加大自主创新力度，同时也需要进一步加大开发，继续吸收引进相关创新成果，这项工作的难度会越来越大。机电产品和传统劳动密集型产品仍是出口主力。2020 年我国机电产品出口占比 59.3%（汽车、计算机、手机），传统劳动密集型产品出口占比 21.5%[①]。OECD 数据显示，我国出口产品的国内附加值比重约为 68%，其中纺织服装国内附加值占比处于世界中等水平，自动数据处理设备、无线电话机配件、计算机和电子产品整体附加值比重只有 45%，美、日等占比超过 80%。加工贸易在我国出口中的占比依然有 34%。

我们再来看进入全球财富 500 强企业的数量情况。2009 年，我国上榜企业数量超过法国和德国，2011 年超过日本，2019 年上榜数量 129 家，首次超过美国的 121 家，2020 年达到 133 家。[②] 另据工信部赛迪智库规划所对近十年《财富》世界 500 强上榜企业数据分析发现，上榜企业主要集中在上游产业、重化工业和基础设施建设类企业，人均营业收入只有美、日的 3/5，人均利润约为美国一半，在高端新兴领域的企业较少。再以苹果公司生产的 IWATCH 为例，在售价 349 美元的价值链中，超过四分之三（76%）被苹果公司拿走（研发、设计、销售等），直接生产成本仅占 24%，大约 83.7 美

① 第一财经官方账号，2020 年 12 月 8 日。
② 吴小燕：《中美世界 500 强企业综合实力对比 中国世界 500 强数量始终处于上升通道》，东方财富网，2021 年 4 月 14 日，http://finance.eastmoney.com/a/202104141883748980.html。

元，在这个成本里面，中国企业代工部分总计不到 10 美元，占整个售价比重仅为 0.7%。

**二是实体经济融资难、融资贵**。一方面是融资难，特别是中小企业融资难，已成为一个世界性难题，多年来始终未有效解决，加之传统产业产能过剩，前些年股市、房市发展高峰时期，大量新增资金进入虚拟经济领域，资金"脱实入虚"现象严重。造成这种情况的原因，既有实体企业，特别是中小高科技企业由于轻资产运作、业务不确定性强、抵押品有限、信用信息不对称等先天不足的因素，也有虚拟经济"虹吸效应"所导致的"抽血"效应。另一方面是融资贵，由于金融资源配置不合理，很多资金很多流向产能过剩的行业，有些甚至是"僵尸"企业，真正需要资金的创新型企业或朝阳行业，面临昂贵的社会融资成本。

**三是实体经济生产成本不断攀升**。包括劳动力成本、土地成本、环保成本、用能成本等，其中最为突出的劳动力成本，这反映了中国劳动力供应的日趋紧张，特别是高技能劳动力的短缺，助推了成本上涨。2017 年年初，《中国企业家》曾对全国 500 家样本企业进行调查，其中 78% 是民营企业，56.8% 的企业认为原材料、人力、融资成本上升挑战比较大，56.2% 的企业认为税负和非税费用压力大，47.5% 的企业认为投资回报率下降来源于互联网、房地产和金融行业的冲击。《人民日报》2007 年上半年对 100 家实体企业的调研也显示，68.7% 的企业认为当前最大的困难是各种成本高企。

**IWATCH 产品价值链**

| 产品组成 | 价　　格 | 占　比 |
|---|---|---|
| 售价 | 349 美元 | 100％ |
| 研发、设计、销售 | 265.3 美元 | 76.02％ |
| 生产成本 | 83.7 美元 | 23.98％ |
| **其中：** | | |
| 显示／触摸屏 | 20.5 美元（美国） | 5.87％ |
| 处理器 | 10.2 美元（美国） | 2.92％ |
| 储存器 | 7.2 美元（日本、美国） | 2.06％ |
| BT/WLAN | 3.0 美元（美国） | 0.86％ |
| 用户界面 | 5.5 美元（美国、奥地利） | 1.58％ |
| 传感器 | 3.0 美元（意大利、法国、奥地利） | 0.86％ |
| 电池组 | 0.8 美元（中国） | 0.23％ |
| 其他机电及电池管理 | 22.0 美元 | 6.30％ |
| 附带配件 | 9.0 美元（中国等） | 2.58％ |
| 组装测试 | 2.5 美元（中国） | 0.72％ |

资料来源：海通证券研究报告《庞大出口背后，中国赚多少钱》。

### 3. 如何科学发展实体经济

实体经济的发展是一个适应时代要求持续积累、不断升级的过程。任何一个国家实体经济，特别是制造业的发展，都离不开这个过程。曾几何时，19 世纪英国主导全球产业革命的时代，德国制造、美国制造是劣质产品的代名词；20 世纪五六十年代，在美国主导产业革命的时代，日本制造也曾是劣质的代名词，不同于同时期竞争者，他们的最终成功依赖于制造业快速响应需求、持续升级。这是一个国家经济发展进程中，无法摆脱也无法逃避的阶段，谁反应迅速、响应及时、布局有力，谁就会成为新一轮科技革命的产业变革的引领者，英国制造、美国制造、德国制造、日本制造以及今天的中国制造，都面临同样的历史抉择和使命。

当前，实体经济发展的大背景与过去 40 多年相比已经发生巨大变化。一方面是竞争的加剧。在全球化、信息化、市场化三大浪潮下，竞争的深度、广度和激烈程度都大大提升了一个档次，特别是互联网、人工智能的快速发展，催生很多新的技术应用场景和新的业态。另一方面是需求的转变。随着经济的发展、老百姓生活水平提高以及代际消费偏好差异，市场需求已经发生重大变化，民众有意愿也有能力支撑品质更高、类型更丰富、体验更顺畅的产品和服务需求。面对行业内以及跨界的激烈竞争，面对更加多元、多变的市场需求，关键仍是产业竞争力，即能否通过产业升级和结构优化，实现提质增效和高质量发展，动态保持强有力的竞争力，是实体经济发展的关键。

实体经济如何转型升级？各国纷纷开出各种药方。**美国方案是"制造业回归 + 减税 + 贸易保护"**，金融危机爆发后仅一年，奥巴马即于 2009 年提出制造业回归战略，当年 12 月美国政府出台《重振美国制造业框架》，2012 年发布第一份 AMP 报告《获取先进制造业国内竞争优势》，2014 年发布"AMP2.0"报告《振兴美国先进制造业》，全面阐述"制造业回归"战略，核心围绕传统制造业竞争力提升和发展高技术产业两条线，推进"再工业化"。特朗普政府上台后，进一步提出"美国货、美国造"，并启动大规模减税政策，今年以来，又针对中国等启动了大规模贸易限制措施。**德国方案是"工业 4.0"。**

2013 年德国联邦教研部与联邦经济技术部在汉诺威工业博览会正式提出"工业 4.0",主要有三个特征:一是企业内部网络化制造系统纵向集成,将各种不同层面的自动化与 IT 系统集成在一起;二是通过价值链及网络实现企业间的横向集成,将各种不同制造阶段和商业计划的 IT 系统集成在一起;三是全生命周期管理及端到端系统工程,通过集成软件 / 系统,实现用户参与个性化设计,并通过虚拟设计、虚拟评估和虚拟制造,把用户需求和用户反馈同生产制造完美结合起来。**日本方案是"机器人新战略"**。2016 年 4 月日本政府提出要以机器人和 IT 技术掀起"第 4 次产业革命",2015 年 1 月 23 日公布《机器人新战略》,涵盖智能汽车、智能家电、智能住宅等智能制造产品,重点通过大数据、网络技术及人工智能技术实现自律化、终端化、网络化,进而使日本成为物联网(IOT)的世界领袖。同年 5 月,日本成立了产官学一体化的"机器人革命促进会"推动新机器人战略。

中国方案更加系统化,即在新发展理念指导下,**建设现代化经济体系建设,**包括供给侧结构性改革、创新驱动、乡村振兴、区域协调发展、经济体制改革、全面开放等重点战略。其中首要举措是全面推进供给侧结构性改革,加快建设制造强国,加快发展先进制造业是重要内容。2015 年以来,国内先后出台"中国制造 2025"、"五大工程实施指南"等一系列产业规划和政策举措,推动智能制造发展。明确了制造业三步走目标,即:第一步到 2025 年,中国制造业进入全球制造业第二方阵;迈入世界制造强国之列;第二步到 2035 年,整体达到世界制造强国阵营水平;第三步到 2050 年,中国综合实力进入世界制造强国前列。2015 年"中国制造 2025"的出台既是针对美国工业互联网、德国工业 4.0 等提出的中国版制造业振兴战略，也是我国针对新常态新特点，提出的应对举措。

具体来看，一方面要促进传统工业转型升级，充分利用和发挥现有产业基础和资源的优势，通过优化产品、优化资源、优化布局，提质增效，推动纺织、食品、钢铁、化工等传统产业转型升级；另一方面培育壮大新动能，重点是发展高端制造业、先进制造业，特别是智能制造，要加快推动价值链"二次爬升"，从中低端向产业链中高端转变，加快推动互联网、大数据、人工智能与实体经济的深度融合，形成若干世界级先进制造业集群。在这个过程中，需要更进一步发挥科技创新的支撑引领作用。

必须看到，实体经济发展是一个有机更新的过程。一方面，部分传统产业的运营困难。2017 年 7 月 27 日，著名的鞋业龙头百丽从香港联合交易所退出，同样迎来关闭潮的还有人们熟知的达芙妮、美特斯邦威、波司登、李宁、GAP 等品牌和沃尔玛、百盛等商超。另一方面，新实体经济快速发展。2017 年天猫"双十一"当天成交额 1682 亿元，相当于全国线下连锁超市全面的销售额。根据艾媒咨询发布数据显示，2017 年中国共享经济市场规模达到 5.7 万亿元，2012 年仅为 2830 万元，这一模式目前已经涵盖出行、空间、物品、限制交易和知识技能共享多个领域，滴滴出行、摩拜单车、小黄车、瓜子二手车、微医、途家网等共享经济的独角兽企业已深入百姓生活。这种更新是正常的迭代，是资源进一步的优化配置，要妥善引导和处理好二者关系。

　　总的来看，新一轮制造业竞争已从单个产业扩展为整个国家和地区综合实力的竞争，更加依赖于整个新产业体系的有效构建，而制造业转型升级、实现新发展，需要制造业、信息技术以及人才能级的自我提升，也需要现代金融资本的有力支持，更加广泛地参与国际竞争，进一步"请进来"、"走出去"，对标国际。现代产业体系的构建要求实与虚的同步，实现量与质的同步，实现供与需的同步。这三个同步要求有更加扎实的基础支撑，这些支撑来自创新、金融和人才。稳定的政策预期非常关键。

---

**中央经济工作会议关于实体经济的表述**

　　2012 年：切实降低实体经济融资成本。

　　2013 年：增强金融运行效率和服务实体经济的能力。

　　2014 年：加强对实体经济的支持。

　　2015 年：发展实体经济。开展降低实体经济企业成本行动。为实体经济让利。加大对实体经济支持力度。

　　2016 年：把着力振兴实体经济作为五大任务之一。

　　2017 年：货币政策要更好地为实体经济服务。结构性政策要强化实体经济吸引力和竞争力。防控金融风险要促进形成金融和实体经济、金融和房地产、金融体系内部的良性循环。

　　2018 年：要推动先进制造业和现代服务业深度融合，坚定不移建设制造强国。要增强制造业技术创新能力，构建开放、协同、高效的共性技术研发平台。

　　2019 年：加快现代化经济体系建设。要支持战略性产业发展，支持加大设备更新和技改投入，推进传统制造业优化升级。要健全体制机制，打造一批有国际竞争力的先进制造业集群，提升产业基础能力和产业链现代化水平。要大力发展数字经济。

　　2020 年：以深化供给侧结构性改革为主线，既做好"减法"，也做好"加法"，优化存量资源配置，扩大优质增量供给，提高全要素生产率，推动新业态、新模式、新产品和新技术的发展，提升实体经济的创新力和竞争力。

---

　　资料来源：根据历年中央经济工作会议发布内容整理。

表 3.2 "十三五"以来国家出台支持实体经济发展相关政策文件

| 序号 | 政策文件 | 发布时间 | 总体目标 |
|---|---|---|---|
| 1 | 《中国制造 2025》 | 2015 年 5 月 | 聚焦五大战略：创新驱动、质量为先、绿色发展、结构优化和人才为本。实施五大工程：制造业创新中心建设工程、强基工程、智能制造工程、绿色制造工程、高端装备创新工程。重点发展十大领域新一代信息技术、高档数控机床和机器人、航空航天装备、海洋工程装备及高技术船舶、先进轨道交通装备、节能与新能源汽车、电力装备、农业装备、新材料、生物医药及高性能医疗器械。 |
| 2 | 全国农业现代化规划（2016—2020 年） | 2016 年 10 月 | 到 2020 年，全国农业现代化取得明显进展，国家粮食安全得到有效保障，农产品供给体系质量和效率显著提高，农业国际竞争力进一步增强，农民生活达到全面小康水平，美丽宜居乡村建设迈上新台阶。 |
| 3 | 《智能制造发展规划（2016—2020）》 | 2016 年 12 月 | 到 2020 年智能制造发展基础和支撑能力明显增强，传统制造业重点领域基本实现数字化制造，有条件、有基础的重点产业智能转型取得明显进展；到 2025 年智能制造支撑体系基本建立，重点产业初步实现智能转型。 |
| 4 | 《高端智能再制造行动计划（2018—2020 年）》 | 2017 年 10 月 | 突破制约我国高端智能再制造发展的关键共性技术；发布 50 项高端智能再制造管理、技术、装备及评价等标准；初步建立可复制推广的可制造产品应用市场化机制。 |
| 5 | 《关于深化"互联网 +X"先进制造业发展工业互联网的指导意见》 | 2017 年 11 月 | 推进企业内外网改造升级，构建标识解析和标准体系，建设低时延、高可靠、广覆盖的网络基础设施；推动建设国家、企业两级工业互联网平台体系，促进工业要素联接和资源配置优化；加强工业互联网安全技术手段建设，建设覆盖产业全生命周期的安全保障体系；加快新技术、新产品、新模式示范部署；提出 6 项保障措施。 |

续表

| 序号 | 政策文件 | 发布时间 | 总体目标 |
|---|---|---|---|
| 6 | 《增强制造业核心竞争力三年行动计划（2018—2020 年）》 | 2017 年 11 月 | 轨道交通装备等制造业重点领域实现产业化，形成一批具有国际影响力的领军企业；打造一批中国制造的知名品牌；创造一批国际公认的中国标准，制造业创新能力明显提升，产品质量大幅提高，综合素质显著增强。 |
| 7 | 《促进新一代人工智能产业发展三年行动计划（2018—2020 年）》 | 2017 年 12 月 | 培育和发展智能化产品，推动智能产品在经济社会的集成作用；发展智能传感器、神经网络芯片等关键环节，夯实软硬件基础；深化发展智能制造，提升智能制造关键技术装备的创新你能力。 |
| 8 | 《关于积极有效利用外资推动经济高质量发展若干措施的通知》 | 2018 年 6 月 | 放宽市场准入，提升投资自由化水平；深化"放管服"改革，提升投资便利化水平；加强投资促进，提升引资质量和水平；提升投资保护水平，打造高标准投资环境。 |

# 三、实施创新驱动战略

强调对于现代化产业体系内涵的全新理解，不再只是从简单的产业构造存在的三次产业关系加以诠释，而是将之视作一个"以实体经济为基本载体、以人力资本体系的健康发育相伴生、以现代金融体系相配套的经济运行体系"存在。由此全面理解现代产业体系的体系构造运行的协同协调性，与此同时特别强调融汇于其中的科技创新元素和创新机制。由此深刻理解作为现代产业体系运行的关键。贯彻"坚持创新驱动发展，全面塑造发展新优势"，"坚持创新在我国现代化建设全局中的核心地位，把科技自立自强作为国家发展战略的战略支撑……加快建设科技强国"，"加快发展现代产业体系，推动经济体系优化升级"。[①]

创新是引领发展的第一动力。对于如何更加直观地理解创新的引领驱动作用，我们先用六集纪录片《创新中国》所叙述的内容来加以说明。该纪录片在国内著名的第三方评价网站"豆瓣电影"上获得了 9.3 分的好评。影片聚焦信息技术、新能源、中国制造、生命科学、航空航天与海洋探索等前沿领域，聚焦 47 位科技人物，用故事讲述了中国的创新探索和实践成果，从"华龙一号"首堆示范工程、高铁、C919 大飞机、"蛟龙号"潜水器、蓝鲸一号海上钻井平台到上海光源、大数据、物联网、人工智能、量子通信等国之重器，一一呈现在屏幕上。这既是一种自信的展示，同时也是一种提示：科学技术是第一生产力。

事实上，把科技作为第一生产力，生产面向科技，创新驱动生产，这是中国经济 40 年持续高速发展的经验。1978 年 3 月 18 日，邓小平在全国科学大会开幕式上指出，四个现代化的关键是科学技术现代化，要大力发展我国的科学教育事业。1988 年 9 月，邓小平进一步提出，科学技术是第一生产力。回顾总结中国改革开放 40 多年取得的辉煌成就，在学习曲线上快速爬升无疑是主因之一。近几年来，在国家创新驱动战略引领下，中国逐步由"中国制造"向"中国创造"、"中国创造"和"中国智造"转变，在许多领域与发达国家并跑、领

---

① 《中共中央关于制定国民经济和社会发展第十四个五年规划和 2035 年远景目标的建议》，新华社 2020 年 11 月 3 日电。

跑，成为全球瞩目的创新场和增长极。从数据看，我国已经成为科研大国。全社会研发投入超过 1.5 万亿元，位居世界第二，研发投入强度位居发展中国家前列。科技人员过去十年间发表的国际论文数量排名世界第二位，累计被引用次数进入前 1% 的高被引论文占世界份额 12.8%，排名世界第 3 位。发明专利申请受理量连续 5 年位居世界首位。年国际专利申请量超过 4 万件，位居世界第三。

世界经济增长史和中国的经济实践都一再证明，创新是推动国家持续发展，特别是实体经济发展的核心竞争力。在看到成绩的同时，也要看到当前科技创新本身存在的问题，即实体经济与科技创新失调，主要表现为当前科技创新能力尚无法充分支撑实体经济，特别是制造业向中高端的转型升级，包括在重大基础理论创新和高尖端创新水平、创新成果转化等方面，无法满足需求。产生失调的主要原因是经济发展阶段变化后，以往依靠引进、吸收、集成和模仿创新的方式，无法推动制造业在内的实体经济向中高端迈进，传统的创新体系和模式无法满足新的需求。要客观看到，我国与发达国家之间仍存在着不小的距离。2018 年以来，在中美贸易摩擦中，美国针对中兴、华为等中国企业的保护性措施所再次暴露出的问题，值得高度警惕。

针对经济发展新常态和服务实体经济发展，党中央和国务院对科技创新发展和科技创新体制改革作出了系统和全面部署。党的十九大报告强调，"创新是引领发展的第一动力，是建设现代化经济体系的战略支撑"，报告中 10 余次提到科技，50 余次强调创新。2016 年 5 月 20 日，中共中央、国务院印发了《国家创新驱动发展战略纲要》，把创新驱动提到前所未有的战略高度。习近平总书记在中科院第十九次院士大会、中国工程院第十四次大会上，再次强调了创新强国的重要性，其中提道："关键核心技术是要不来、买不来、讨不来的。只有把关键核心技术掌握在自己手中，才能从根本上保障国家经济安全、国防安全和其他安全。"

表 3.3　当前中国核心集成电路的国产芯片占有率

| 系　统 | 设　备 | 核心集成电路 | 国产芯片占有率 |
|---|---|---|---|
| 计算机系统 | 服务器 | MPU | 0% |
| | 个人电脑 | MPU | 0% |
| | 工业应用 | MCU | 2% |
| 通用电子系统 | 可编程逻辑设备 | FPGA/EPLD | 0% |
| | 数字信号处理设备 | DSP | 0% |
| 通信装备 | 移动通信终端 | Application Processor | 18% |
| | | Communication Processor | 22% |
| | | Embedded MPU | 0% |
| | | Eemedded DSP | 0% |
| | 核心网络设备 | NPU | 15% |
| 内存设备 | 半导体存储器 | DRUM | 0% |
| | | NAND FLASH | 0% |
| | | NOR FLASH | 5% |
| | | Image Processor | 5% |
| 显示及视频系统 | 高清电视 / 智能电视 | Display Processor | 5% |
| | | Display Driver | 0% |

资料来源：《2017 年中国集成电路产业现状分析》。

　　总体来看，适应整个国民经济高质量发展的要求，需要提高整个创新链条运行效率，推动创新能力向更高水平爬升。

　　**一是提升科研投入强度和效率**。首先，持续加大投入。"十一五"、"十二五"期间，全国研发投入强度规划目标均未实现，这是比较少见的现象。2019年中国研发投入强度达到2.23%，总体上和先进国家比还有一定差距，美国近60年来研发投入强度始终在2%以上，2015年美国、德国研发投入强度达到2.7%，北欧一些国家达到3%—3.5%。其次，优化投入结构，提高企业在科技创新投入中的比重，赫尔曼·西蒙发现，隐形冠军对研发的投入是一般工业企业的2倍多，平均每个员工的专利数量相当于大公司的5倍。2015年美国私人部门研发投入占GDP比重达到创纪录的1.7%，联邦政府研发投入占GDP比重下降至0.6%。再有是提高科研资金使用效率，目前我国研发投入绝对量很大，总量超过1.4万亿元人民币，但投入利用效率仍比较低，有数据显示60%的科研资金用在出差、开会，这既表明科研资金使用的低效，同时也表明在科研资金财务管理上还存在导向失范的问题，要完善科研经费管理，改变科研资金多头管理、多头立项，围绕项目导向。再次，针对短板攻坚突破。科技创新要在继承原有好的经验基础上，针对掐脖子的中高端科技领域、进口依存度高的领域实施技术赶超战略。在投入方向上，要聚焦高尖端和前沿创新，重点服务"中国制造2025"十大重点领域，特别是智能制造的大方向，突出关键共性技术、前沿引领技术、现代工程技术和颠覆性技术创新突破。目前，我国高度制造产业核心技术、关键技术对外依存度仍然高达 50%（一般小于 30%），部分重要零部件、基础元器件、关键新材料自给率只有 20%，要综合发挥重大科技攻关和市场导向的双重优势，以重大项目为平台，力争突破。德国拥有众多的隐形冠军，重要的原因之一是拥有出色的创新力，尽管在信息技术、互联网或基因工程等领域都不是创新先锋，在制造业领域的创新仍是全球领先。

**表 3.4　"十三五"科技创新主要指标**

| 主要指标 | 2015 年指标值 | 2020 年目标值 |
|---|---|---|
| 国家综合创新能力世界排名（位） | 18 | 15 |
| 科技进步贡献率（%） | 55.3 | 60 |
| 研究与试验发展经费投入强度（%） | 2.1 | 2.5 |
| 每万名就业人员中研发人员（人年） | 48.5 | 60 |
| 高新技术企业营业收入（万亿元） | 22.2 | 34 |
| 知识密集型服务业增加值占国内生产总值的比例（%） | 15.6 | 20 |
| 规模以上工业企业研发经费支出与主营业务收入之比（%） | 0.9 | 1.1 |
| 国际科技论文被引次数世界排名 | 4 | 2 |
| PCT 专利申请量（万件） | 3.05 | 翻一番 |
| 每万人口发明专利拥有量（件） | 6.3 | 12 |
| 全国技术合同成交金额（亿元） | 9835 | 20000 |
| 公民具备科学素质的比例（%） | 6.2 | 10 |

资料来源：《"十三五"国家科技创新规划》。

**二是通畅创新成果转化渠道。**经济发展由高速增长转向高质量发展，一个重要的内涵是经济增长方式向集约型、效率性阶段的转变，知识和科技创新的贡献率将大幅提升。知识型经济体中，一个关键的问题就是创新成果如何转化为经济价值，由于知识本质上的高度不确定性、高交易成本和信息的高度不对称性，大量中小型科技创新型企业将逐渐成为经济新的增长原动力，企业家在创新成果转化中的作用将日益吃重。这就要求在新的发展阶段，必须相应构建匹配实体经济转型升级发展的新型产学研平台，这个平台链条中，要更多地以企业和企业家为核心，鼓励科技人员创新创业，同时鼓励和引导企业参与创新孵化。硅谷的成功为这种转化模式提供了很好的经验借鉴，地理上临近创新源头，打破科研人员在科研院所和企业之间流动的障碍，打破科研人员与企业家的身份障碍，对推动创新经济发展起到重要推动作用。我们要进一步有力破除科研机构与企业合作的障碍藩篱，通畅资源、信息共享交流渠道，推动产学研合作迈入 2.0 版本，从"有什么就用什么"向"要什么就研发什么"转变。这里面，非常重要的一点，就是真正建立起以企业为主体、市场为导向、产学研深度融合的技术创新体系。同时，要切实加强知识产权保护，使创新成果转化得到应有的回报。

**三是重视和加强创新体系建设**。破解"钱变纸、纸变钱"的难题，需要统筹推动创新体系的优化和完善。科研与实体经济的失调主要是由于激励机制失衡，利益共享机制没有建立，科研体系往往是封闭或半封闭式，科研主要服务科研考核，科技成果与实体经济之间缺少渠道，或者交易成本较高，结果是实体企业觉得公共科研机构良莠不齐，接地气的创新成果不够，科研机构觉得实体企业没有长远眼光、太现实和苛刻。新的问题是如何激励资源。以前有种观点：把钱变成纸是科学家的事，把纸变成钱是企业家的事，让创新服务实体经济，需要建立科学家与企业家利益共享机制，才能有效地实现两个阶段的良性互转。如果还是就科研论科研，就生产谈生产，科技创新与实体经济还是两张皮，还是两个独立的闭环，要打通转换渠道，构建大循环，这依赖整个创新体系的进一步完善。要建立以企业为主体、市场为导向、产学研深度融合的技术创新体系，加强对中小企业创新的支持。要重视政策的统一规划，消除当前创新政策碎片化和重叠的问题，同时重视政策的真正落地，逐步制定细则和实施方案，营造好创新生态环境。以美国为例，为支持自己的制造业回归战略，2012 年 3 月，奥巴马政府提出建设"国家制造业创新网络"，2013 年 1 月发布《国家制造业创新网络初步设计》，提出投资 10 亿美元组建美国制造业创新网络（NNMI），重点研究新材料、3D 打印、智能制造等，为此先后成立了若干制造业创新中心。2015 年 9 月又推出国家创新战略。

**四是坚持用改革开放的方式推动创新能力爬坡攀峰**。科技创新最典型的特征是非线性演进，渐进式创新与变革式创新一起对经济社会产生深刻影响。首先是创新速度越来越快，自工业革命以来历次科技革命可以看到，创造更新的速度越来越快，指数级变革对创新组织方式带来挑战。其次是跨领域综合创新成为新的趋势。再次是创新的竞争越来越激烈，赢者通吃的性质越来越明显。开放和协同创新成为重要创新组织形式。实践证明，我国创新能力的跃升，与开放带来的技术和知识溢出红利紧密相关。中国科技创新应该是开放创新。中国的优势在于大国优势和后发优势，在创新成果应用方面具有部分先天优势，要充分加以发挥和利用，结合区域一体化战略，加强研发合作和成果推广应用。与此同时，中国的劣势是在基础科研和高精尖端科技创新方面积累有限，要顺应创新全球化趋势，以更加开放的姿态融入全球创新网络，集聚全球创新资源服务实体经济转型升级。

---

**"十三五"国家科技创新工作六大战略部署**

**一是围绕构筑国家先发优势，加强兼顾当前和长远的重大战略布局。**加快实施国家科技重大专项，启动"科技创新2030—重大项目"；构建具有国际竞争力的产业技术体系，加强现代农业、新一代信息技术、智能制造、能源等领域一体化部署，推进颠覆性技术创新，加速引领产业变革；健全支撑民生改善和可持续发展的技术体系，突破资源环境、人口健康、公共安全等领域的瓶颈制约；建立保障国家安全和战略利益的技术体系，发展深海、深地、深空、深蓝等领域的战略高技术。

**二是围绕增强原始创新能力，培育重要战略创新力量。**持续加强基础研究，全面布局、前瞻部署，聚焦重大科学问题，提出并牵头组织国际大科学计划和大科学工程，力争在更多基础前沿领域引领世界科学方向，在更多战略性领域实现率先突破；完善以国家实验室为引领的创新基地建设，按功能定位分类推进科研基地的优化整合。培育造就一批世界水平的科学家、科技领军人才、高技能人才和高水平创新团队，支持青年科技人才脱颖而出，壮大创新型企业家队伍。

**三是围绕拓展创新发展空间，统筹国内国际两个大局。**支持北京、上海建设具有全球影响力的科技创新中心，建设一批具有重大带动作用的创新型省市和区域创新中心，推动国家自主创新示范区和高新区创新发展，系统推进全面创新改革试验；完善区域协同创新机制，加大科技扶贫力度，激发基层创新活力；打造"一带一路"协同创新共同体，提高全球配置创新资源的能力，深度参与全球创新治理，促进创新资源双向开放和流动。

**四是围绕推进大众创业、万众创新，构建良好创新创业生态。**大力发展科技服务业，建立统一开放的技术交易市场体系，提升面向创新全链条的服务能力；加强创新创业综合载体建设，发展众创空间，支持众创众包众扶众筹，服务实体经济转型升级；深入实施知识产权和技术标准战略。完善科技与金融结合机制，大力发展创业投资和多层次资本市场。

> 　　**五是围绕破除束缚创新和成果转化的制度障碍，全面深化科技体制改革**。加快中央财政科技计划（专项、基金等）管理改革，强化科技资源的统筹协调；深入实施国家技术创新工程，建设国家技术创新中心，提高企业创新能力；推动健全现代大学制度和科研院所制度，培育面向市场的新型研发机构，构建更加高效的科研组织体系；实施促进科技成果转移转化行动，完善科技成果转移转化机制，大力推进军民融合科技创新。
> 　　**六是围绕夯实创新的群众和社会基础，加强科普和创新文化建设**。深入实施全民科学素质行动，全面推进全民科学素质整体水平的提升；加强科普基础设施建设，大力推动科普信息化，培育发展科普产业；推动高等学校、科研院所和企业的各类科研设施向社会公众开放；弘扬科学精神，加强科研诚信建设，增强与公众的互动交流，培育尊重知识、崇尚创造、追求卓越的企业家精神和创新文化。

资料来源：《"十三五"国家科技创新规划》。

　　在"十三五"规划任务圆满完成基础上，"十四五"规划进一步强调"加强原创性引领性科技攻关"，瞄准人工智能、量子信息、集成电路、生命健康、脑科学、生物育种、空天科技、深地深海等前沿领域，实施一批具有前瞻性、战略性的国家重大科技项目。从国家急迫需要和长远需求出发，集中优势资源攻关新发传染病和生物安全风险防控、医药和医疗设备、关键元器件零部件和基础材料、油气勘探开发等领域关键核心技术。

# 四、培育现代金融体系

　　现代金融是现代经济的血液，是建设协同发展的现代产业体系的重要媒介基础。经过改革开放 40 年的发展，我国金融体系规模已跃居全球前列。数据显示，截至 2020 年，我国银行业金融机构总资产 319.7 万亿美元，保险业总资产 23.3 万亿元，证券 8.9 万亿元，信托 22 万亿元，公募基金 19.9 万亿元 ①。在取得巨大成就的同时，我国金融业也面临一些问题和挑战，其中最突出的就是资金"脱实向虚"，一方面实体经济融资难、融资贵，另一方面，金融资本空转，金融风险隐患增加。

2008 年美国爆发金融危机的深刻教训，就是"脱实向虚"和监管滞后问题。危机发生后，美国组建金融危机调查委员会 10 人小组，调查显示金融危机的发生是"人祸"，根源于一种被人们普遍接受的观点，即市场有自我调节能力，但由于全球化和技术变革，金融交易效率、速度和复杂性已经发生深刻变化，监管大大滞后。有一组数据：1978—2007 年美国金融部门贷款由 3 万亿美元飙升至 36 万亿美元，占 GDP 比重增长两倍多。截至 2005 年，美国最大的十家商业银行持有 55％的工业资产，是 1990 年的 2 倍多。2006 年，金融部门的盈利占美国全部公司盈利的比例从 1980 年的 15％增长到 27％。在庞大的金融资产中，数额超万亿美元的资产暴露在风险中，主要是影子银行系统和场外衍生品市场，未受到金融机构的有效监管和及时调整，最终演变成"灰犀牛"。

党的十八届三中全会提出了建立现代金融体系。如何定义现代金融？理论界倾向于用方法论定义，如莫顿（1997）认为用复杂的分析工具分析时间和不确定性与金融行为的相互影响，证券化、全

---

① 根据有关行业年度工作会议信息和研究报告整理。

球化、自由化、数量化和工程化是突出特征。从实践角度，吴晓求（2017）认为，现代金融体系的核心是分散和管理风险，使实体经济和金融风险处在一个合理配置的状态，具体来说，证券化金融资产的比重不断提升，金融体系主要功能从融资为主转向融资和财富管理并重。

在实践中，培育现代金融体系依然是围绕问题导向，即在新的形势和任务下，金融体系如何适应和推动实体经济高质量发展。一方面，服务传统产业转型升级，这个过程是资源重新优化配置的过程，资本市场要引导资源向效率更高的领域配置和集中，实现传统产业二次成长。另一方面，知识驱动的新经济，需要相适配的现代金融工具的支撑，这些新的金融工具必须能够有更高的风险对冲能力、更高的效率、更加灵敏的市场响应。党的十九大报告提出，要深化金融体制改革，增强金融服务实体经济的能力，提高直接融资比重，促进多层次资本市场健康发展，健全货币政策和宏观审慎政策双支柱调控框架，深化利率和汇率市场化改革，健全金融监管体制，守住不发生系统性金融风险的底线。这些构成了政策层面，建立现代金融体系的框架。我们看来，构建现代金融体系重点有几方面任务。

**一是坚持以服务实体经济为中心。**引导金融回归本源服务实体经济。把金融特有的规律和实体经济运行规律结合起来，坚持实体经济第一性的原则，加强体制、机制建设，提升金融服务实体经济的能力和水平。一切金融活动、一切金融创新、一切金融发展，都以实体经济的需要为出发点和落脚点；以服务实体经济的效率高低，效果好坏作为考核金融工作的唯一标准。

**二是有效管控金融风险**。防范系统性金融风险提升为国家战略。2016 年 5 月 9 日，《人民日报》刊文指出，"树不能长到天上，高杠杆必然带来高风险，控制不好就会引发系统性金融危机，导致经济负增长，甚至让老百姓储蓄泡汤，那就要命了。"2017 年 7 月 14 日至 15 日，第五次全国金融工作会议在京召开，明确了金融监管的思路。同年 10 月召开的党的十九大再次重申，要"健全金融监管体系，守住不发生系统性金融风险的底线"。2018 年，中央经济工作会议把"防风险、精准脱贫、污染防治"列为三大攻坚战，其中防范化解重大风险位列"三大攻坚战"之首，首当其冲的是宏观杠杆率。为此，国家出台了一系列政策措施，降低金融和实体经济杠杆率，包括中国银监会出台"三违反"、"三套利"、"四不当"等举措，中国保监会强调保险姓保，中国证监会加强了对证券公司、期货公司风控指标管理，全面去通道、降杠杆、破刚兑等，使得金融风险得到逐步管控。

与此同时，有效管控金融风险需要监管体系的相应变革。1993 年金融改革以来，金融业监管面临的问题和形势发生重大变化。原先产融分离、银证保分业经营的设计框架，在实践中已经转变为产融结合发展和金融混业经营，推动金融监管结构改革势在必行。2017 年 11 月金融稳定发展委员会成立，中国银监会和中国保监会合并，由原先的一行三会变为一委一行两会，标志着我国金融监管从机构监管向功能监管相结合转变。在完善监管的同事，要以防范系统性金融风险为底线，加快相关法律法规建设，完善金融机构法人治理结构，加强宏观审慎管理制度建设，加强功能监管，更加重视行为监管。要把主动防范化解系统性金融风险放在更加重要的位置，着力防范化解重点领域风险，着力完善金融安全防线和风险应急处置机制。

**三是大力促进多层次资本市场发展**。当前，我国融资结构过度依赖间接融资和债权融资，是杠杆率较高的重要原因，实体经济80％以上资金来源于银行，当前直接融资比重太低。从结构看，截止到 2021 年 3 月底，商业银行对实体经济发放的人民币贷款余额为 179.51 万亿元，同比增长 13％，对实体经济发放的人民币贷款余额占同期社会融资规模存量的 60.9％。委托贷款余额为 11.04 万亿元，同比下降 2.8％；信托贷款余额为 6.01 万亿元，同比下降 19.2％；未贴现的银行承兑汇票余额为 3.83 万亿元，同比增长 14.1％；企业债券余额为 28.17 万亿元，同比增长 11.7％；政府债券余额为 46.71 万亿元，同比增长 18.8％；非金融企业境内股票余额为 8.5 万亿元，同比增长 13.5％。现代金融体系要综合通过金融品种、服务模式和技术创新，把解决融资难、融资贵作为非常关键的出发点和落脚点，适应新阶段经济转型升级发展的需求。

近几年，国家相继推出绿色债、双创债、扶贫债、PPP 资产证券化等产品，公司债和资产证券化规模稳步提升；加快新三板市场的基础制度改革，推动已到海外上市的独角兽公司回归 A 股；加快发展普惠金融，支持区域性、小微型、特色化金融机构发展；大力发展科技金融（FinTech），应用互联网、大数据等新技术手段，开发符合新经济、新业态发展需求的信贷、保险等产品，这些都是建设现代金融体系的重要举措。2018 年 2 月 1 日，富士康报送 IPO 招股书申报稿，36 天过会，创造了 A 股市场 IPO 的最快纪录，就是最典型的例子。

**四是有序有力推进金融产品定价的市场**。包括完善市场化利率、汇率和收益率曲线。资金的配置效率直接决定着金融服务实体经济的能力，而利率和汇率是最重要的货币资金价格，是市场经济和开放经济中资金配置的基础性调节指标，其形成机制的优化，直接关系到资金配置的效率。因此，金融业发展进入新阶段后，稳步推进利率和汇率市场化改革，成为深化金融体制改革的重要内涵，也成为建设社会主义市场经济体制的现实要求和必然趋势。要建立健全由市场供求决定的利率形成机制，中央银行运用货币政策工具引导市场利率，金融机构在竞争性市场中进行自主定价，从而实现资源的合理配置，增强风险定价能力；进一步完善人民币汇率市场化形成机制，加大市场决定汇率的力度，增强人民币汇率双向浮动弹性，保持人民币汇率在合理均衡水平上的基本稳定，保持人民币在全球货币体系中的稳定地位。构建基准收益率曲线是利率市场化的首要要求，也是推动利率市场化改革的最重要一步。在利率市场方面，要加紧培育基准收益率曲线。

**五是加大金融双向开放力度**。建立现代金融体系，要进一步加大双向开放和融入力度。既要进一步推动国内金融机构"走出去"步伐，为实体经济服务，同时也要放宽外资投资资产范围，基本实现股票、银行间债券市场及交易所债券市场的全覆盖。自2017年11月中美元首会晤后，将外资投资证券公司、基金管理、期货公司、保险公司（人身保险）投资比例限制放宽至51%，三年后不受限制（保险公司五年后放开）。将取消对银行和金融资产管理公司的持股限制，内外一致。QFII、RQFII等投资额度进一步扩容。

2018年4月10日于海南召开的博鳌亚洲论坛2018年年会开幕式上，习近平总书记宣布，在扩大开放方面，中国将采取一系列重大举措，第一条就是大幅度放宽市场准入，在服务业特别是金融业方面，继2017年年底宣布的放宽银行、证券、保险行业外资股比限制的重大措施要确保落地，2018年将加快保险行业开放进程，放宽外资金融机构设立限制，扩大外资金融机构在华业务范围，拓宽中外金融市场合作领域。

**表3.5　"十三五"现代金融体系规划主要内容**

| 类　　别 | 主要内容 |
|---|---|
| 五大战略目标 | 着力实现更高水平的金融市场化；着力推动更加全面的金融国际化；着力创新高效安全的金融信息化；着力推进完备统一的金融法治化；着力实现金融业治理体系和治理能力现代化。 |
| 八大任务 | 健全金融调控体系；建立现代金融监管体系；优化现代金融机构体系；健全金融市场体系；建设高层次开放型金融体系；强化金融基础设施体系；完善支持实体经济的金融服务提；筑牢金融风险防控处置体系。 |

# 五、重视人力资本的能动作用

人力资源是经济增长的第一资源。实体经济的发展，提升创新能力，构建现代金融，最基础也最为关键的就是人力资源的支撑，特别是对于实体经济而言，实现高质量发展的根本动力就是人才。赫尔曼·西蒙在《隐形冠军：未来全球化的先锋》一书中，对德国制造业进行了深入剖析，他发现在人口不到 1 亿的德语区，一共有1499 家隐形冠军，相当于世界已确认总数的 55％，排名第二位的美国只有 366 家，日本 220 家，中国只有 68 家，在德国隐形冠军中86％为机械制造、电气、医药、化工等关键工业企业。如果按照每百万居民拥有隐形冠军的数量来看，德国依然鹤立鸡群，每百万人拥有 16 家，排名第一，美国有 1.2 家排第 12 位，中国有 0.1 家排名第 17 位。德国制造之所有能够成功，很关键的一个秘诀就在于"工匠精神"。

## 1. 我国人力资源发展现状

干事创业关键靠人。2013 年 10 月 21 日，习近平总书记在欧美同学会成立一百周年庆祝大会上的讲话中提出："人才资源作为经济社会发展第一资源的特征和作用更加明显，人才竞争已经成为综合国力竞争的核心。谁能培养和吸引更多优秀人才，谁就能在竞争中占据优势。"中国从制造大国向制造强国转变，很重要的一个支撑是看自己是否能够从人口资源大国成功转变为人力资源强国，核心是构建"科学家/领军人才+工程师+工匠"的新型人才体系，尤其是大力营造"中国工匠"发育壮大的子生态体系。

中国历史上产生过不少极致工匠。为梁惠王解牛的庖丁、"班门弄斧"中的鲁班都是家喻户晓的中国工匠始祖。2017年10月，在阿联酋阿布扎比举行了第四十四届世界技能大赛（World Skills Competition，WSC），59个成员国和地区的1200余名选手在50个项目展开角逐，这是被称为"世界技能奥林匹克"的全球顶级职业技能竞赛，竞技水平一定程度上代表了这个国家或地区的技能发展水平，反映了这个国家或地区的经济技术实力。在这次比赛中，中国代表团参加了47个项目，获得15枚金牌、7枚银牌、8枚铜牌和12个优胜奖，位列金牌榜首位，获得金牌的项目包括工业机械装调、数控铣、工业控制、机电一体化、原型制作、焊接、塑料模具工程、车身修理、汽车喷漆、砌筑、瓷砖贴面、信息网络布线、时装技术、花艺、烘焙。赛事成绩体现了我国制造业从业者水平的快速提升，但相对于人口体量、经济体量和市场需求而言，这些高技能人才的比重还不够。

---

**中国工匠故事**

杨金龙，在2015年第四十三届世界技能大赛，来自杭州技师学院的杨金龙实现中国区的金牌零突破。杨金龙参加的项目是汽车喷漆，按照比赛要求，油漆上下厚度误差不超过0.01毫米，喷涂五六层以上。杨金龙毕业于杭州一所职业学校，如今已成为浙江省特级技师，破格提拔为杭州技师学院教师，享受教授级高级工程师待遇，系十三届全国人大代表。

---

据统计，目前我国技能劳动者总量1.65亿人，占就业人群20%，其中高技能人才（俗称"八级工"）4971万人，不足就业人群的6%，而日本占比为40%，德国为50%。从市场供求情况看，近几年来技能人才特别是高技能人才的供需矛盾十分突出，技能劳动者的求人倍率（岗位数与求职人数的比）一直在1.5∶1以上，一些领域高技能人才求人倍率超过了2倍以上。根据预测，到2020年，全国高技能人才缺口将达2200万人。推动实体经济高质量发展，构建现代产业体系，加大人力资源培养力度至关重要。

### 2.人力资源发展的重点方向

**一是加大投入力度，加强技工人才培养**。近几年，我国教育经费投入强度持续提升，2020年全国财政性教育经费投入达到5.3万亿元，占GDP比重连续第10年超过4%，这样的投入数量和比例与发达国家相比，仍相对偏低，美国和德国2015年公共教育支出占GDP比例达到4.9%，英法等国高于5.5%，丹麦达到8.6%。中等职业教育经费来源基本上依靠政府的教育拨款，政府的财力总体上又十分有限，对中职教育的投入总体不够。2020年普通高职高专教育经费总投入为2758亿元，占5.4%。1985年，全国有技工学校3548所，全国技工学校毕业人数22.6万人，占当年普通本专科毕业生31.6万人的71.5%。技工学校数量1993年高峰时一度达到4477所，但到2019年减少至2392所，毕业技工人数98.4万人，只占当年普通本专科毕业生834万人的11.8%。30余年间，技工毕业人数占比断崖式下滑60个百分点。

**二是改变社会认同，大力倡导工匠文化**。2016年3月5日，李克强总理作政府工作报告时首次正式提出"工匠精神"。亚力克·福奇在《工匠精神：缔造伟大传奇的重要力量》中概括了三点特征：一是用我们周围已经存在的事物制造出某种全新的东西；二是工匠们的创造行为在最初没有明确的目的性，就算有也和当时确定好的目的有很大不同，能够激发人们的激情和迷恋；三是一种"破坏性行为"，工匠们背对历史开始了一段充满发明创造与光明的全新旅程。作者把工匠精神归结为创新，实际上，工匠精神还包括敬业、精益、专注等品质。厚植工匠文化，需要让这种工匠精神成为一种理念、一种文化甚至信仰。当前，要改变"劳心者治人，劳力者治于人"传统思想影响，改变重学历、轻技能的观念，崇尚和培育"不因材贵有寸伪，不为工繁省一刀"的严谨精神。

**三是提高工匠职业选择回报**。早在2018年1月23日，第十八届中央全面深化改革领导小组会议就已经明确提出，要提高技术工人待遇，要增强技术工人职业荣誉感、自豪感、获得感，激发技术工人的积极性、主动性、创造性。比较借鉴世界制造强国德国，他们在处理技工和工程师的工资薪酬收入方面的做法富有启示。据统计，德国工程师是所有工种中收入最高的职业之一，仅次于医生和律师，也正因为这个原因，在德国，小学毕业后约半数人会选择接受职业教育。通过经验积累和自我提升，晋升高级技工或取得工程师文凭后收入将显著增加。大学文凭并非唯一就业敲门砖。德国前总理施罗德就曾当过售货员学徒。德国工匠精神还因社会认同和激励而发扬光大。

**四是深化教育和培训体制改革**。高素质工匠是制造业发展的基石。从德国的例子可以看到，制造业的高品质源自工匠精神，而孕育工匠精神的重要养分，又来自于高质量的"双轨制"职业技术教育体系。在通常为 3 年的学习过程中，兼顾理论和工作实操，学生每 3 个月就要进行转换，企业实践阶段，学生与企业签订合同成为"学徒"，独立承担工作任务，包括新业务研发，企业按照行业工资标准发放工资。这部分学生毕业后，可以重新选择直接就业还是进入应用科学大学深造。目前，德国共有 350 种官方认可的职业培训工种，约三分之二的年轻人曾参加过培训并获相应证书，成为德制造业强有力的前沿军和后备力量。

**五是以更加开放的姿态吸引海内外高端人才集聚**。在战略层面，要高度重视人才在新时期高质量发展中的核心作用，从引资向引智转变，通过构建更加宜居、便利和吸引力的工作生活配套，吸引海外留学生、华人华侨和国际高技能人才来中国发展。各省、自治区、直辖市纷纷出台人才吸引和优惠政策，从住房、经费、户口等给予支持，即是典型例子。例如，**北京**把人才引进年龄最大放宽至 50 岁，突出"以才荐才"，最快 5 个工作日办完引进手续。**上海**聚焦全球科创中心建设，2018 年就启动人才高峰工程，聚焦 13 个重点领域，赋予高峰人才人、财、物、技术路线和内部机构设置权等。**深圳**将落户门槛降低到大专学历，注资 1000 亿元设立人才安居集团，"十三五"期间提供 30 万套住房。**武汉**规划 5 年留住 100 万大学生，毕业生 3 年内凭毕业证和就业证落户，"3+2"年八折租房。**南京**提出高校毕业生可直接申请落户，大学生租房补贴期限延长至三年。西安在校大学生凭身份证和学生证，手机办理落户，24 小时办结并直接邮寄给个人。**成都**对国际顶尖人才（团队）提供最高 1 亿元综合补助。

要客观看到，当前"中国制造"与"德国制造"、"美国制造"等相比，仍有比较大的差距，我们需要充分借鉴和学习制造业领先国的人才培养经验，再造本土工匠精神，这是推动我国制造业由"中国制造"迈向"中国智造"和"中国创造"，实现高质量发展的重要支撑。除了制造业，实体经济各个领域都需要工匠精神，工匠精神也需要实体经济的平台和温床。应该看到，工匠精神的振兴是一项系统工程，需要政府、企业、社会、个人共同参与和努力。高质量发展依赖创新，创新来源于"精益求精"。构建工匠精神产生的土壤，培养杰出工匠，是构建现代产业体系的关键之一。

# 第四章　建设有利于现代化经济体系运行的体制环境

党的十九大报告指出，我国经济已由高速增长阶段转向高质量发展阶段，对转向高质量发展作出全面部署，建设现代化经济体系就是贯穿其中的一项重要工作内容。实现高质量发展需要夯实既有的发展基础，用改革举措消解经济发展进程中存在的结构性矛盾，改善优化产业体系的协同协调机制、打造高质量发展的经济运行主体、提升经济运行的效率。所有这些方面的工作内容也都是要通过全面深化改革加以推进，不断完善社会主义市场经济体制，形成"以完善产权制度和要素市场化配置为重点，实行产权有效激励、要素自由流动、价格反应灵活、竞争公平有序企业优胜劣汰"[①]的经济运行局面。正是从这个意义上说，围绕经济体系的全方位系统性变

---

[①]　习近平：《决胜全面建成小康社会，夺取新时代中国特色社会主义伟大胜利——在中国共产党第十九次全国代表大会上的报告》，人民出版社 2017 年版，第 33 页。

革，使之朝现代化经济体系迈进。促进发展方式转变、经济结构优化、增长动力转换，为我国新发展阶段各项重大战略的实施提供有利的体制基础与环境。

打造充满活力的经济体制，为经济体系的顺畅健康运行提供体制环境和机制活力，具体工作内容包括：推进国有企业改革，围绕建设具有中国特色的现代企业制度，建设社会主义市场经济的微观主体，着力于培育有竞争力的微观主体；在市场体系建设方面，要加快要素价格市场化改革、进一步完善市场监管，以促进要素市场化配置和市场的开放与公平竞争；在政府体制与职能方面，要深化行政体制和财政税收体制改革，以建设法治型、服务型和高效型政府，以及创新和完善政府宏观调控和促进增长与发展的机制与能力，以推动国民经济持续稳定发展。

# 一、完善产权制度与国资管理体制，培育有竞争力的微观主体

我国要建成现代化经济体系，首先就需要培育出具有竞争活力的微观企业主体，为此就要进行相应的微观企业制度层面的改革与完善。我国实行的是公有制为主体、多种所有制经济共同发展的基本经济制度，因此，要培育与现代化经济体系相适应的有竞争力的微观主体，除了要继续鼓励、支持和引导个体私营等非公有制经济

发展之外，另一方面的工作重点就是要大力推进国有企业产权制度及国有资产管理体制的改革，推动国有资本做强做优做大。为此，当前要重点推进以下四个方面的进一步改革：一是要完善国有资产分类管理体制，通过商业类和公益类国有资产的分类，使得对企业国有资产的监管更具针对性，从而更充分地发挥国有经济对我国经济社会发展的推动与支持作用。二是要实施国有资本授权经营体制改革，通过设立国有资本经营平台、增加国有资产监管的层级以减少管理幅度，提高监管的效率和监管的到位性。三是要加快国有经济的布局结构优化及战略重组。这既包括推进国有资本向关系国家安全和国民经济命脉的重要行业和关键领域集中，还包括通过国有资本在企业间的战略重组，推动形成一批具有国际竞争力的世界一流跨国公司。四是要以混合所有制改革为突破口推进国有企业的产权制度改革，通过引入非国有股东以形成国有企业的投资主体多元化，从而优化企业治理结构，提升企业的市场竞争力。

## （一）完善国有资产分类管理体制，改革国有资本授权经营体制

### 1. 完善分类管理体制

国有经济中不同国有企业在我国经济社会发展中的功能作用与目标定位是有所差异的，因此完善国有资产管理体制的一个重要方面就是需要对国有企业进行分类考核与监管，以最充分地发挥国有经济对我国经济社会发展的推动与支持作用。

　　首先，应将国有企业分为商业类和公益类这两大类。其中，商业类国有企业以增强国有经济活力、放大国有资本功能、实现国有资产保值增值为主要目标，按照市场化要求实行商业化运作，依法独立自主开展生产经营活动，实现优胜劣汰、有序进退；而公益类国有企业如城市供水供气、公交、市政建设等国有企业，则以保障民生、服务社会、提供公共产品和服务为主要目标，必要的产品或服务价格可以由政府调控，要积极引入市场机制，不断提高公共服务效率和能力，在考核方面要重点考核成本控制、产品质量、服务水平、营运效率和保障能力，根据企业不同特点有区别地考核经营业绩和国有资产保值增值情况，考核中要引入社会评价。

　　其次，对商业类国有企业又可分为两种，一是主业处于一般性充分竞争行业和领域的国有企业，二是主业处于关系国家安全和国家核心竞争力的行业和领域的国有企业。其中，对于前者，原则上都要实行公司制股份制改革，积极引入其他资本实现股权多元化，国有资本可以绝对控股、相对控股或参股，加大改制上市力度，着力推进整体上市；考核方面要重点考核其经营业绩指标、国有资产保值增值和市场竞争能力。而对于后者，要保持国有资本控股地位，支持非国有资本参股，考核方面除了要合理确定经营业绩和国有资产保值增值指标的考核权重之外，还要加强对服务国家战略、保障国家安全和国民经济运行、发展前瞻性战略性产业以及完成特殊任务情况的考核。

## 2. 改革国有资本授权经营体制

完善国有资产管理体制的另一个重要方面，就是以管资本为主改革国有资本授权经营体制。一般而言，国有资产监管机构与最终的从事产品（包括服务）经营的国有企业或国有控股企业之间的管理层次有三种安排方式：一是直接监管方式，即国有资产监管机构直接监管最终的从事产品经营的国有企业或国有控股企业，二者之间不设立任何中间层次的机构；二是间接监管方式，即在国有资产监管机构与最终的从事产品经营的国有企业或国有控股企业之间，设立若干个专事股权投资和运营的股权投资公司，由其来对最终的从事产品经营的国有企业或国有控股企业履行出资人职责，而国有资产监管机构直接监管的只是这些股权投资公司，此即国有资本授权经营方式；三是直接监管与间接监管相结合的"混合"型监管方式，即对于大多数最终的从事产品经营的国有企业或国有控股企业，国有资产监管机构采取间接监管方式，即通过中间层次的股权投资公司来进行监管，但对于其产品关系到国计民生的部分特大型国有企业，国有资产监管机构则采取直接监管方式。

目前，我国国有资产管理体制中，较多地仍是采取上述第一种监管方式为主，这特别在国务院国资委面对多达近一百家、行业分布广泛的央企的情形下，是难以实现有效监管的。因此，有必要通过国有资本授权经营方式扩大间接监管方式的覆盖面。为此，在国务院国资委及相应的央企层面可按以下步骤来推进此项改革。

首先是改组组建国有资本投资、运营公司。这类资本授权经营平台又可分为两类来建立。一类是主要通过划拨现有处于一般竞争性行业的国有企业的国有股权，以及国有资本经营预算注资组建，其以提升国有资本运营效率、提高国有资本回报为主要目标，通过股权运作、价值管理、有序进退等方式，促进国有资本合理流动，实现保值增值。另一类则是选择处于重要行业与关键领域的具备一定条件的国有独资企业集团改组设立，以服务国家战略、提升产业竞争力为主要目标，在关系国家安全、国民经济命脉的重要行业和关键领域，通过开展投资融资、产业培育和资本整合等，推动产业集聚和转型升级，优化国有资本布局结构。

其次是明确国有资产监管机构与国有资本投资、运营公司关系。国有资产监管机构依法对国有资本投资、运营公司履行出资人职责。国有资产监管机构要明确对国有资本投资、运营公司授权的内容、范围和方式，依法落实国有资本投资、运营公司董事会职权。国有资本投资、运营公司对授权范围内的国有资本履行出资人职责，作为国有资本市场化运作的专业平台，依法自主开展国有资本运作，对所出资企业行使股东职责，维护股东合法权益，按照责权对应原则切实承担起国有资产保值增值责任。

最后是界定国有资本投资、运营公司与所出资企业关系。国有资本投资、运营公司依据公司法等相关法律法规，对所出资企业依法行使股东权利，以出资额为限承担有限责任。以财务性持股为主，建立财务管控模式，重点关注国有资本流动和增值状况；或以对战略性核心业务控股为主，建立以战略目标和财务效益为主的管控模式，重点关注所出资企业执行公司战略和资本回报状况。

## （二）加快国有经济布局优化、结构调整与战略重组

完善国有资产管理体制的主要抓手，就是实现国有资产监管机构由管企业为主向管资本为主的转变。所谓管资本即国有资本经营，其主体是国有资产监督管理机构，客体是以资本形态存在的企业国有资产，即国有股权和产权。而对于建设中国特色社会主义现代化经济体系来说，国有资本经营的主要任务之一就是加快国有经济布局优化、结构调整与战略重组，具体而言包括通过国有资本在不同行业的有进有退的调整，进行适度的国有资本向特定行业集中，以及在行业中通过战略重组，形成行业内的资本集中及相应的大企业集团。

### 1. 国有经济布局与结构的优化及调整的理论和现实依据

首先，国有资本在我国社会主义市场经济体系中的分工要求决定了国有资本行业及产业分布的选择性。国有资本的所有者主体是全民，因此，国有资本的投入和经营运作是要以整个社会的福利为最终目标，具体而言国有资本经营一方面具有追求利润的目标，另一方面还需要承担政治及社会目标，如维护国家经济安全、实现产业发展目标以及弥补市场失灵等。这就决定了国有企业需要进入那些非国有资本不愿进入的基础性、公用性部门以及自然垄断部门，且对于那些关系到国家经济安全和国家核心经济竞争力的重要行业和关键性领域需要体现国有资本的主导和支配地位。而对于一些无

法发挥国有资本优势的部分一般竞争性行业，国有资本可以适当收缩甚至退出。

其次，国有资本的相对稀缺性决定了国有资本行业及产业分布的集中性。随着我国国民经济的快速发展，投资需求也在快速增长，产业也越来越多元化。而相对于整个国民经济对资本投资的需求，国有资本则显得相对稀缺和不足。要最大限度的发挥国有资本的效率，就必须将国有资本集中在能够充分发挥国有资本优势的行业和企业。

**2. 国有经济布局与结构的优化及调整的目标**

简单来说，国有经济布局与结构的优化及调整，就是要推进国有资本向关系国家安全和国民经济命脉的重要行业和关键领域集中，或者说向与国家安全及国家核心经济竞争力相关的产业集中，在此过程中同时形成一批拥有自主知识产权和知名品牌、国际竞争力较强的优势企业。上述目标具体而言可表达如下。

就产业层面而言，国有经济要在国防、能源、交通、粮食、信息、生态等关系国家安全的领域保障能力显著提升；在重大基础设施、重要资源以及公共服务等关系国计民生和国民经济命脉的重要行业控制力明显增强；在重大装备、信息通信、生物医药、海洋工程、节能环保等行业的影响力进一步提高；在新能源、新材料、航空航天、智能制造等产业的带动力更加凸显。

就企业层面而言，通过兼并重组、创新合作、淘汰落后产能、化解过剩产能、处置低效无效资产等途径，一方面加快推进中央企业纵向调整，使其在产业链上下游资源配置不断优化，从价值链中低端向中高端转变取得明显进展，整体竞争力大幅提升；另一方面加快推进中央企业间的横向整合及相应的协同经营平台建设，有效化解同质化经营、重复建设、无序竞争等问题。通过上述战略重组，最终形成一批具有创新能力和国际竞争力的世界一流跨国公司，其发展战略更加明晰，主业优势更加突出，资产负债规模更趋合理，企业治理更加规范，经营机制更加灵活，创新驱动发展富有成效，国际化经营稳步推进，风险管控能力显著增强，国有资本效益明显提高，实现由注重规模扩张向注重提升质量效益转变，从国内经营为主向国内外经营并重转变。

## （三）以混合所有制改革为突破口推进国有企业的产权制度改革

对于前述分类监管体制下的商业类国有企业，特别是其中主业处于一般竞争性行业的国有企业，要大力推进以混合所有制改革为核心的产权制度改革，以提升企业的市场竞争力。

投资主体多元化是现代企业制度发展的一个重要趋势，其优势在于有利于企业规模的扩张，同时也有利于单个投资主体的风险的分散，更重要的，就公司治理结构而言，多个投资主体间的相互制衡与监督、相互间的优势互补、重大战略决策时能有效避免片面性等，显然都十分有利于企业的可持续健康发展。

而就股权过于集中的国有企业而言，通过引入非国有资本来推进混合所有制改革，能更有效地实现上述投资主体多元化的好处，不仅可以促进国有企业转换经营机制，放大国有资本功能，提高国有资本配置和运行效率，而且可以实现各种所有制资本取长补短、相互促进、共同发展为目标。具体而言，混合所有制改革可以通过以下不同情形或不同方式来推进。

**1. 已经实行混合所有制改革的国家出资企业的治理机制完善与优化**

对于那些通过实行股份制、上市等途径已经实行混合所有制的国有企业，要着力在完善现代企业制度、提高资本运行效率上下功夫，包括完善股东大会、董事会、监事会的制度与机制，健全对企业经营者的激励约束机制等。

对于适宜继续推进混合所有制改革的国有企业，要充分发挥市场机制作用，坚持因地施策、因业施策、因企施策，宜独则独、宜控则控、宜参则参，不搞拉郎配，不搞全覆盖，不设时间表，成熟一个，推进一个。改革要依法依规、严格程序、公开公正，切实保护混合所有制企业各类出资人的产权权益，杜绝国有资产流失。

**2. 积极探索引入非国有资本参与国有企业改革的混合所有制改革**

对于适宜继续推进混合所有制改革的国有企业，可鼓励非国有资本投资主体通过出资入股、收购股权、认购可转债、股权置换等多种方式，参与国有企业改制重组或国有控股上市公司增资扩股以及企业经营管理。实行同股同权，切实维护各类股东合法权益。在石油、天然气、电力、铁路、电信、资源开发、公用事业等领域，向非国有资本推出符合产业政策、有利于转型升级的项目。依照外商投资产业指导目录和相关安全审查规定，完善外资安全审查工作机制。开展多类型政府和社会资本合作试点，逐步推广政府和社会资本合作模式。

要引导社会舆论积极看待混合所有制改革，同时通过政策及法规来保障混合所有制改革的双赢性，以消除非国有资本参与混合所有制改革的疑虑。要让非国有投资人认识到，混合所有制改革不仅是为了让国有资本更好地保值增值，而且也是为了给非国有资本开辟一条新的可持续发展的投资渠道，从而激发其参与这一改革的积极性。

### 3. 鼓励国有资本以多种方式入股非国有企业

充分发挥国有资本投资、运营公司的资本运作平台作用，通过市场化方式，以公共服务、高新技术、生态环保、战略性产业为重点领域，对发展潜力大、成长性强的非国有企业进行股权投资。鼓励国有企业通过投资入股、联合投资、重组等多种方式，与非国有企业进行股权融合、战略合作、资源整合。

特别需要明确的是，国有资本入股非国有企业的目标是为了产业结构的优化和国家整体经济竞争力的提升，以及为了实现国有资本更好的保值增值，而并不追求对非国有企业的控股。

### 4. 探索实行混合所有制企业员工持股

混合所有制改革不仅要眼光向外，也要眼光向内，即要探索混合所有制企业内部员工持股的改革。对此，要试点先行，在取得经验基础上稳妥有序推进，通过实行员工持股建立激励约束长效机制。优先支持人才资本和技术要素贡献占比较高的转制科研院所、高新技术企业、科技服务型企业开展员工持股试点，支持对企业经营业绩和持续发展有直接或较大影响的科研人员、经营管理人员和业务骨干等持股。员工持股主要采取增资扩股、出资新设等方式。完善相关政策，健全审核程序，规范操作流程，严格资产评估，建立健全股权流转和退出机制，确保员工持股公开透明，严禁暗箱操作，防止利益输送。

## 二、以要素市场化配置为重点，完善市场体系与机制

现代化经济体系的有效运转，离不开一个发育完善的市场体系与机制。改革开放以来，特别是自我国将经济体制改革的目标确立为社会主义市场经济体制以来，我国市场体系的建设取得了长足的进步。然而我们也必须看到，与现代化经济体系的要求相比，我国当前的市场体系建设中仍存在一些不足，包括市场准入限制制度、政府涉及企业开办的商事制度等不尽合理，市场监管不统一、不到位，部分生产要素价格还未完全市场化，等等。

因此，接下来需要从以下几方面来推进市场体系的建设：一是要全面实施市场准入负面清单制度、进一步放宽外资准入限制，以

促进市场公平竞争与开放；二是要深化商事制度改革、提高便利化服务水平，维护全国统一大市场并清除其中的障碍，与时俱进地创新市场监管方式，特别是要强化在公平竞争、质量监管、商标保护与管理、消费品市场监管等方面的执法力度，以促进市场健康繁荣发展；三是在要素价格市场化改革方面，要加快推进能源价格市场化、健全交通运输价格机制、完善土地及其他自然资源的价格形成机制及补偿机制，以促进要素自由流动和市场化配置、提高要素的配置效率。

## （一）改革与完善市场准入制度，促进市场公平竞争与开放

### 1. 全面实施市场准入负面清单制度

（1）市场准入制度与市场准入负面清单制度。

市场准入制度是指政府为了纠正市场失灵、实现某种公共利益，或为了适度进行市场保护，而对于市场主体进入某个行业实施行政控制或干预的制度。该制度就实施思路而言可分为两种基本的类型，一种是正面审批或审核型，即市场主体进入任何行业之前均需向政府有关部门提供包括投资可行性报告在内的有关材料，并经政府部门审批通过后方能实质进入该行业，这其中政府在审批过程具有较大的自由裁量权和随意性，构成对投资者较大的不确定性风险。另一种是市场准入负面清单制度，即政府以清单方式明确列出在所辖境内禁止和限制投资经营的行业、领域、业务等，各级政府依法采取相应管理措施的一系列制度安排，而市场准入负面清单以外的行

业、领域、业务等，各类市场主体皆可依法平等进入。

（2）实施市场准入负面清单制度的重要意义。

首先，实行市场准入负面清单制度是发挥市场在资源配置中的决定性作用的重要基础。通过实行市场准入负面清单制度，赋予市场主体更多的主动权，有利于落实市场主体自主权和激发市场活力，有利于形成各类市场主体依法平等使用生产要素、公开公平公正参与竞争的市场环境，有利于形成统一开放、竞争有序的现代市场体系，将为发挥市场在资源配置中的决定性作用提供更大空间。

其次，实行市场准入负面清单制度是更好发挥政府作用的内在要求。通过实行市场准入负面清单制度，明确政府发挥作用的职责边界，有利于进一步深化行政审批制度改革，大幅收缩政府审批范围、创新政府监管方式，促进投资贸易便利化，不断提高行政管理的效率和效能，有利于促进政府运用法治思维和法治方式加强市场监管，推进市场监管制度化、规范化、程序化，从根本上促进政府职能转变。

最后，实行市场准入负面清单制度是构建开放型经济新体制的必要措施。实施市场准入负面清单和外商投资负面清单制度，有利于加快建立与国际通行规则接轨的现代市场体系，有利于营造法治化的营商环境，促进国际国内要素有序自由流动、资源高效配置、市场深度融合，不断提升我国国际竞争力，是以开放促改革、建设更高水平市场经济体制的有效途径。

（3）市场准入负面清单制度的实施要点。

首先，市场准入负面清单应包括禁止准入类和限制准入类。对禁止准入事项，市场主体不得进入，行政机关不予审批、核准，不得办理有关手续；对限制准入事项，或由市场主体提出申请，行政机关依法依规作出是否予以准入的决定，或由市场主体依照政府规定的准入条件和准入方式合规进入；对市场准入负面清单以外的行业、领域、业务等，各类市场主体皆可依法平等进入。

其次，关于市场准入负面清单的适用条件。对各类市场主体涉及以下领域的投资经营行为及其他市场进入行为，可以采取禁止进入或限制市场主体资质、股权比例、经营范围、经营业态、商业模式、空间布局、国土空间开发保护等管理措施：涉及人民生命财产安全、政治安全、国土安全、军事安全、经济安全、金融安全、文化安全、社会安全、科技安全、信息安全、生态安全、资源安全、核安全和新型领域安全等国家安全的有关行业、领域、业务等；涉及全国重大生产力布局、战略性资源开发和重大公共利益的有关行业、领域、业务等；依法可以设定行政许可且涉及市场主体投资经营行为的有关行业、领域、业务等；法律、行政法规和国务院决定规定的其他情形。

再次，关于市场准入负面清单制度的制定原则。一是法治原则，即制定市场准入负面清单要依照法定程序来进行，并最终形成法律、行政法规或国务院决定。二是安全原则，即必须坚持总体国家安全观，遵循维护国家安全的法律法规和国家关于各领域安全的制度体系。要以保障经济安全为重点，维护国家基本经济制度和社会主义市场经济秩序，健全预防和化解经济安全风险的制度机制，保障关系国民经济命脉的重要行业和关键领域、重点产业、重大基础设施和重大建设项目以及其他重大经济利益安全。三是渐进原则，即要立足国情、循序渐进、整体规划、分步实施，取得可复制、可推广的经验后全面推开。四是必要原则，即列入市场准入负面清单的事项应当尽量简化、确属必要。五是公开原则，即市场准入负面清单的制定和调整要体现公开公平公正的原则，形成稳定、透明、可预期的制度安排。

**2.进一步放宽外资准入限制，扩大市场开放度**

上述的市场准入负面清单是适用于境内外投资者的一致性管理措施，是对各类市场主体市场准入管理的统一要求。而在我国对于外商投资还设有一些专门的限制，这通常是通过政府颁布的外商投资产业指导目录来实施的。

在我国要建立现代化经济体系，以推动我国经济由高速增长阶段向高质量发展阶段转变，则一个充分开放的市场体系是个重要的支撑。为此，首要的一个举措就是要进一步放宽外资准入限制，促进我国的开放发展。

在我国目前所处发展阶段，放宽外资准入限制，不仅有利于引入资金、技术、管理、人才和商业模式，而且有利于促进我国的经济增长、技术进步、产业升级、对外贸易和改革创新；同时，我国作为配套齐全的制造业基地和快速增长的消费市场，也为外商投资企业提供了发展机遇。可见，放宽外资准入限制，必将会有力地促进我国的开放发展。

至于如何放宽外资准入限制，在国家发展改革委、商务部 1997 年发布的《外商投资产业指导目录（2017 年修订）》中已有详细说明。简单而言，这里需要遵循三个原则。

一是就开放的行业领域而言，推进重点领域开放。坚持开放发展，积极主动扩大开放，要进一步放宽服务业、制造业、采矿业的外资准入。其中，特别是要放宽服务业的准入，因为在过去我国对外资开放的行业较多的是制造业，服务业较少，因此有必要在包括会计审计、银行类金融机构、证券公司、证券投资基金管理公司、电信、互联网、文化、教育、物流等服务业加大开放力度。而在制造业方面要着力于放宽高端制造业的外资准入限制，以鼓励外资积极参与国有企业改造、转型升级和创新发展。此外，在进一步总结自贸试验区先行先试经验的基础上，可在全国范围内复制推广自贸试验区对外开放措施。

二是推行外商投资负面清单管理模式。按照国际惯例，推行"准入前国民待遇加负面清单管理模式"的改革，即一方面，在全国范围内实施的外商投资准入负面清单中不再列示内外资一致的限制性措施（后者体现于前面所述的一般性市场准入负面清单中），以体现内外资同等国民待遇；另一方面，对于外商投资负面清单之外的领域，原则上不得对外资准入实行限制性措施。

三是保持鼓励政策稳定。即继续鼓励外商投资符合我国产业结构调整优化方向的领域，支持外资广泛参与"中国制造2025"战略和创新驱动发展战略，促进引资引技引智相结合，更好发挥外商投资企业对促进实体经济发展的重要作用。

## （二）深化商事制度改革，完善市场监管体制，促进市场健康繁荣发展

### 1. 深化商事制度改革

（1）深化"先照后证"改革。应改变过去那种开办企业首先要取得行业主管部门的经营许可证，才能到工商部门申办营业执照的"先证后照"审批模式，全面推开"先照后证"、"证照分离"改革，即新开办企业只要到工商部门领取一个营业执照，就可以从事一般性的生产经营活动，如果需要从事需许可的生产经营活动，再到相关审批部门办理许可手续。此外还要推动"照后减证"，大幅减少行政审批，化解"领照容易领证难"的矛盾，以解决"准入不准营"问题。

（2）推进"多证合一"改革。推进"多证合一"，旨在改革多部门对市场主体的重复审批、重复管理，提高社会投资创业效率，并在更大范围、更深层次实现信息共享和业务协同，为企业开办和成长提供便利化服务。

（3）提高便利化服务水平。这包括：在企业名称办理方面，要改革企业名称核准制度，赋予企业名称自主选择权，向社会开放企业名称数据库，完善企业名称管理规范，丰富名称资源。增强企业

变更名称的便捷性，提高办理效率；在尊重企业自主经营权方面，要保障企业登记自主权，尊重企业自主经营的权利，允许企业根据实际需要选择组织形式和注册地，不得为企业自由迁移设置障碍；在工商注册便利化方面，要削减资质认定项目，除前面所提到的由先证后照改为先照后证外，还要把注册资本实缴登记制逐步改为认缴登记制，此外要推动电子营业执照改革试点，扩大电子营业执照应用范围。

**2. 完善市场监管以营造公平有序的市场竞争环境**

（1）维护全国统一大市场。为此，首先要清除统一大市场障碍，包括清除针对特定行业的不合理补贴政策；打破制约商品要素流动和服务供给的地区分割、行业垄断和市场壁垒；严禁对外地企业、产品和服务设置歧视性准入条件；严禁设置限制企业跨地区经营发展的规定。其次要健全统一市场监管规则，包括强化市场规则的统一性、市场监管执法的统一性，建立统一协调的执法体制、执法规则和执法程序，提高市场监管的公开性和透明度；地区性、行业性市场监管规则，不得分割全国统一大市场、限制其发展。再次是推动市场开放共享，包括发挥现代科技和商业模式的改革效应，促进区域市场开放、行业资源共享，提高全国市场开放度；发挥现代流通对全国统一大市场的促进作用，通过大市场培育大产业、促进大发展；建立统一市场评价体系和发布机制，推动全国统一大市场建设。

（2）加强重点领域市场监管。要把握经济发展的趋势和特点，对一些影响范围广、涉及百姓利益的市场领域，加强监管方式创新，依法规范企业生产经营行为，促进市场健康发展。其中包括：加强网络市场监管，坚持创新和规范并重，完善网络市场规制体系，促进网络市场健康发展；打击传销、规范直销，特别是要加强对网络传销的查处，遏制网络传销蔓延势头；加强广告监管，特别是围绕食品、医疗、药品、医疗器械、保健食品等重点商品或服务，加大虚假违法广告整治力度，以及充分发挥广告行业组织的作用，强化广告经营者、发布者主体责任，引导行业自律，促进行业发展。

（3）强化竞争执法力度。一方面，要加强反垄断和反不正当竞争执法，其包括：严肃查处达成实施垄断协议、滥用市场支配地位行为；依法制止滥用行政权力排除、限制竞争行为；针对经济发展的新趋势，加强网络市场、分享经济以及高技术领域市场监管，制止滥用知识产权排除和限制竞争、阻碍创新行为；加强对与百姓生活密切相关的商品和服务价格垄断、价格欺诈行为的监管；对公用事业和公共基础设施领域，要引入竞争机制，放开自然垄断行业竞争性业务；等等。另一方面，要严厉打击侵犯知识产权和制售假冒伪劣商品等违法行为，净化市场环境，其包括，围绕保障和改善民生，加大对与百姓生活密切相关、涉及人身财产安全的日常消费品的打假力度；强化对利用互联网销售假冒伪劣商品和传播制假售假违法信息的监管；加强对食品药品、农资、家用电器、儿童用品等商品市场的整治；强化假冒伪劣源头治理，完善重点产品追溯制度，构建清晰可追溯的责任体系；等等。

（4）推动质量监管。围绕质量强国战略，完善国家计量体系，发挥计量对质量发展的支撑和保障作用，加快质量安全标准与国际标准接轨，发挥标准的引领和规范作用，发挥认证认可检验检测传递信任的证明作用，推动产品和服务质量向国际高端水平迈进。落实产品质量法、消费者权益保护法等法律法规，加强产品服务质量监管。

（5）支持企业实施商标品牌战略，推动我国的品牌经济发展。为此，要完善商标注册和管理机制，加强商标品牌法律保护和服务能力建设，充分发挥商标对经济社会发展的促进作用。

**3. 完善市场监管以营造安全放心的市场消费环境**

应该顺应百姓消费水平提升、消费结构升级趋势，建立从生产、流通到消费全过程的商品质量监管机制，强化消费者权益保护，提振百姓消费信心。发挥消费的引领作用，通过扩大新消费，带动新投资，培育新产业，形成新动能，促进经济发展良性循环。具体可从以下几个方面着手。

一是加强日常消费领域市场监管。要适应百姓消费品质提升的迫切要求，加强质量标准和品牌的引导与约束功能，提高产品和服务质量，缩小国内标准和国际先进标准的差距，提高重点领域主要消费品国际标准一致性程度，逐步实现出口产品与国内销售产品同标准、同质量。为此特别要加强食品药品质量安全监管、日用消费品的质量与售后服务监管以及对百姓日常服务消费维权的支持。

二是加强新消费领域市场监管。要把握百姓消费升级的发展趋势，针对新的消费领域、新的消费模式和新的消费热点，着眼关键环节和风险点，创新监管思维和监管方式，加强市场监管的前瞻性，消除消费隐患，促进新消费市场健康发展。这里特别要关注电商和微商等新消费领域、网约车及房屋分享等新业态，以及旅游、文化、教育、快递、健身等新兴服务消费中所出现的新情况新问题，并及时做好市场监管方面的应对。

三是加强农村市场监管。按照全面建成小康社会的目标要求，坚持普惠性、均等化发展方向，把加强农村、农民的消费维权作为重要任务，提高城乡消费维权的均等化水平。为此，一方面要加强农村消费市场监管，开展农村日常消费品质量安全检查，防止把农村作为假冒伪劣商品的倾销地；另一方面，要为农业生产安全提供保障，加强对农机、农药、肥料、农膜、种子、兽药、饲料等涉农商品质量监管，切实保护农民权益。

四是健全消费维权机制。针对百姓维权难、维权成本高，企业侵权成本低、赔付难等突出问题，完善消费维权机制，强化企业主体责任，加大企业违法侵权成本，提高百姓维权效率。

## （三）加快要素价格市场化改革，促进要素自由流动和市场化配置

改革开放以来，作为经济体制改革的重要组成部分，价格改革持续推进、不断深化，放开了绝大多数竞争性商品价格，对建立健全社会主义市场经济体制、促进经济社会持续健康发展发挥了重要

作用。但是也要看到，在要素价格方面，如能源、交通、土地等要素的价格仍然有待进一步的市场化改革。这里的要素指的是绝大多数企业在生产经营过程中均会使用或消耗的投入，因此要素价格直接决定了企业的成本，从而引导了企业的资源配置乃至整个社会的资源配置。进而言之，要素价格的市场化改革直接关系到全社会的资源配置效率。

### 1. 加快推进能源价格市场化

按照"管住中间、放开两头"总体思路，推进电力、天然气等能源价格改革，促进市场主体多元化竞争。这些改革包括：择机放开成品油价格，尽快全面理顺天然气价格，加快放开天然气气源和销售价格，有序放开上网电价和公益性以外的销售电价，建立主要由市场决定能源价格的机制；把输配电价与发售电价在形成机制上分开，单独核定输配电价，分步实现公益性以外的发售电价由市场形成；按照"准许成本加合理收益"原则，合理制定电网、天然气管网输配价格；在放开竞争性环节电价之前，完善煤电价格联动机制和标杆电价体系，使电力价格更好反映市场需求和成本变化。

### 2. 健全交通运输价格机制

逐步放开铁路运输竞争性领域价格，扩大由经营者自主定价的范围；完善铁路货运与公路挂钩的价格动态调整机制，简化运价结构；构建以列车运行速度和等级为基础、体现服务质量差异的旅客运输票价体系。逐步扩大道路客运、民航国内航线客运、港口经营等领域由经营者自主定价的范围，适时放开竞争性领域价格。放开邮政竞争性业务资费，理顺邮政业务资费结构和水平。进一步完善出租汽车运价形成机制，发挥运价调节出租汽车运输市场供求关系的杠杆作用，建立健全出租汽车运价动态调整机制以及运价与燃料价格联动办法。

3. 完善土地及其他自然资源的价格形成机制及补偿机制

在土地资源方面，要深化农村土地制度改革，完善承包地"三权"分置制度，即落实集体所有权、稳定农户承包权、放活土地经营权，引导和规范农村集体经营性建设用地入市，使得征地价格及工业用地价格能真正反映土地的稀缺性。在其他自然资源方面，要完善资源有偿使用制度和生态补偿制度，其包括：加快自然资源及其产品价格和财税制度改革，全面反映市场供求、资源稀缺程度、生态环境损害成本和修复效益；完善涉及水土保持、矿山、草原植被、森林植被、海洋倾倒等资源环境收费基金或有偿使用收费政策；推进水资源费改革，研究征收水资源税，采取综合措施逐步理顺水资源价格，深入推进农业水价综合改革，促进水资源保护和节约使用。

# 三、创新和完善宏观调控与管理的体制机制，推动国民经济持续稳定发展

现代化经济体系的有效运转，还离不开一个完善的政府宏观调控的体制机制。现代化经济体系有效运转所依赖的调节机制除了微

观层面的市场调节机制外，还有宏观层面的政府调节机制，后者是为了应对市场本身内生的各种波动风险。在我国现代化经济体系赖以建立的体制背景中，如果说以公有制为主体、多种所有制经济共同发展的基本经济制度体现了微观层面的中国特色，那么由中国共产党领导的中国政府及其发展经济的动力与能力则体现了宏观层面的中国特色。概括起来说，就是要以新发展理念为指导，"坚定不移贯彻创新、协调、绿色、开放、共享的发展理念"。处理好政府与市场之间的关系，"使市场在资源配置中起决定性作用，更好地发挥政府的作用"。①

为了给我国现代化经济体系的建立提供政府体制及其宏观调控能力上的保障，当前需要努力做好三个方面的工作。一是政府要在新的国际国内经济背景下促增长谋发展。在出口需求增长趋缓以及出口结构正处转换过程中的大背景下，政府要创新和完善促进国内消费和投资的体制机制，以促进经济增长与发展，其中包括改善居民收入分配格局、完善对促进消费的软硬件支持与服务、深化投融资体制改革等。二是政府要通过对自身的体制改革来提高政府的效能，以建设一个法治型、服务型和高效型政府，具体而言，包括深化行政体制改革以转变政府职能、建设法治政府和服务型政府，推进财税体制改革以建设高效节约型政府。三是要建立健全有中国特色又与国际接轨的宏

---

① 习近平：《决胜全面建成小康社会，夺取新时代中国特色社会主义伟大胜利——在中国共产党第十九大全国代表大会上的报告》，人民出版社 2017 年版，第 21 页。

观调控体系，具体而言，就是以国家发展战略和规划为导向、以财政政策和货币政策为主要手段的宏观调控体系，其中当前较迫切的是要推进金融市场的发育特别是价格机制的完善，健全货币政策和宏观审慎政策双支柱调控框架以防范系统性金融风险。

## （一）创新和完善促进消费和投资的体制机制

中国政府在治国理政上的出色表现赢得了国际上的广泛赞誉，这一出色表现背后的根本诀窍之一就在于正确处理了改革、发展、稳定的关系。在这三者关系中，发展是目的，是硬道理。因此，政府首先要一心一意谋发展、紧抓不放促增长，这在当前的国内外经济形势及背景下就要求政府创新和完善促进消费和投资的体制机制，以调动居民消费和社会投资的积极性，从而促进社会经济的可持续健康发展。

**1. 完善促进消费的体制机制，增强消费对经济发展的基础性作用**

首先，促进居民消费就必须要促进居民收入水平的提高和收入分配格局的改善。为此，要通过各种措施设法提高城乡居民收入在国民收入分配中的比重和劳动报酬在初次分配中的比重，如政府适当的减税并提高社会保障水平、加强劳动法的贯彻实施、扶持和促进企业技术进步及劳动生产率的提高等；制定并落实好精准扶贫、精准脱贫的政策，努力提高低收入群体收入；加大对农业和农村地区的投入，为农民创收提供各种倾斜与便利政策；等等。

其次，要适应并满足我国居民消费结构的升级需要。正如党的十九大报告所指出，中国特色社会主义进入新时代，我国社会主要矛盾已经转化为人民日益增长的美好生活需要和不平衡不充分的发展之间的矛盾。与此相关联，我国居民消费也在由温饱型消费向发展型消费升级转变中。为适应这一居民消费结构升级的趋势，需要政府通过推动供给侧结构性改革，其中特别是对金融、税收、补贴、政府采购等政策手段的综合运用，引导企业提升产品品质和服务质量，扩大品牌效应，重点促进面向居民消费升级的新技术、新产品及新服务的应用和推广，从而满足群众由温饱型消费向发展型和享受型消费转变的需要。

第三，完善对促进消费的软硬件支持。硬件方面，继续完善能源、交通、电信等基础设施以及水、电、气等公用事业基础设施建设，同时加大投入以推进宽带网络及信息化方面的基础设施建设，以提高城乡居民互联网普及水平和接入能力，着力支持全国现代商品流通及物流服务体系的硬件设施建设。软件方面，要加强食品及药品质量安全监管，要与时俱进，随着新型消费领域及新技术、新产品的出现进一步加强相关的消费者保护立法，并运用互联网及大数据技术来加强对消费市场的监管和消费者保护。此外，政府及相关消费者组织还要加强对消费者的教育及信息服务。通过这些努力，达到让群众放心消费和理性消费的目的。

**2. 深化投融资体制改革，发挥投资对优化供给结构的关键性作用**

在市场经济背景下，投资在经济增长与发展中扮演着最为活跃的推动因素，这一方面是因为投资对于市场变化最为敏感，另一方面是因为投资对市场供求两端均会产生直接影响，从短期看投资作为需求对当前经济产生影响，而从长期看投资又会形成供给对未来经济产生影响。因此，要推进供给侧结构性改革，则一个根本性的着力点就是通过深化投融资体制改革来引导投资在优化供给结构中发挥关键性作用。

（1）进一步扩大社会投资活动的自主性，取消对投资的各种不必要限制，以调动各类投资主体的积极性，充分利用广泛分布于社会中关于投资可行性及商机的信息，从而提高全社会投资的有效性。为此，要深入贯彻和落实党中央和国务院发布的《关于深化投融资体制改革的意见》，包括要坚持企业投资核准范围最小化，原则上由企业依法依规自主决策投资行为；及时修订并公布政府核准的投资项目目录，实行企业投资项目管理负面清单制度，除目录范围内的项目外，一律实行备案制；实行备案制的投资项目，备案机关要提供快捷备案服务，不得设置任何前置条件；等等。

（2）关于国有资本投资，国资委等国资监管机构应做好相应的监管和引导，最大程度发挥其对我国产业结构转型升级和自主创新方面的支持和带动作用。为此，一方面，国资监管机构要以管资本为主加强国有资产监管，着力于国有经济布局的战略性优化与调整，推动国有资本更多投向关系国家安全和国民经济命脉的重要行业和关键领域，以及关系国家核心经济竞争力的前沿尖端产业；另一方面，在对国资监管机构的考核及对处于重要行业和关键领域、主要承担重大专项任务的国家出资企业的考核时，要把服务国家战略、发展前瞻性战略性产业和促进科技创新方面的完成情况纳入考核体系。

（3）关于民营资本投资。首先，要保证民营资本投资的平等权利，包括依法平等使用生产要素、公开公平公正参与市场竞争、同等受到法律保护等，消除各种隐性壁垒，为民营资本提供一个宽松公平的投资环境。其次，要主动为民营资本开拓投资空间和出路，包括积极推进混合所有制改革，通过国有资本与民营资本的联合及优势互补，放大投资对优化供给结构的积极效应；支持民间资本参与政府和社会资本合作（PPP）项目，通过在与项目有关的定价、土地、金融等方面的政策支持，稳定项目预期收益以吸引民间资本的参与；等等。

（4）关于政府投资。首先，要进一步明确政府投资范围，政府投资资金只投向市场不能有效配置资源的公共领域的项目，以非经营性项目为主，如社会公益服务、公共基础设施、农业农村、生态环境保护和修复、重大科技进步、社会管理、国家安全等方面，原则上不支持经营性项目。其次，要规范政府投资管理，包括政府要依据国民经济和社会发展规划及国家宏观调控总体要求来编制政府中短期投资计划，合理安排政府投资，以及改进和规范政府投资项目审批制、加强政府投资事中事后监管等。

（5）深化金融体制改革，健全现代金融体系，提高金融服务实体经济效率和支持经济转型的能力。首先，要丰富金融机构体系，健全商业性金融、开发性金融、政策性金融、合作性金融分工合理、相互补充的金融机构体系。其次，要健全金融市场体系，包括积极培育公开透明、健康发展的资本市场，提高直接融资比重，创造条件实施股票发行注册制，发展多层次股权融资市场；完善债券发行注册制和债券市场基础设施，加快债券市场互联互通，稳妥推进债券产品创新；健全利率、汇率市场决定机制，更好发挥国债收益率曲线定价基准作用；等等。最后，在上述体制改革与完善的基础上，依托多层次资本市场体系，拓宽投资项目融资渠道，支持有真实经济活动支撑的资产证券化；通过多种方式加大对种子期、初创期企业投资项目的金融支持力度；在国家批准的业务范围内，推动政策性、开发性金融机构加大对重大民生工程、生态环保、科技创新等重大项目和工程的资金支持力度。

## （二）深化行政体制和财政税收体制改革，建设法治型、服务型和高效型政府

### 1.深化行政体制改革，切实转变政府职能，建设法治政府和服务型政府

首先，要完善发展成果考核评价体系，纠正单纯以经济增长速度评定政绩的偏向，加大资源消耗、环境损害、生态效益、产能过剩、科技创新、安全生产、新增债务等指标的权重，更加重视劳动就业、居民收入、社会保障、人民健康状况。

其次，要优化政府组织结构、深化机构改革。为此，要优化政府机构设置、职能配置、工作流程，完善决策权、执行权、监督权

既相互制约又相互协调的行政运行机制；以完善坚持党的全面领导为指导原则来统筹党政群机构改革，理顺部门职责关系；积极稳妥实施大部门制；优化行政区划设置，有条件的地方探索推进省直接管理县（市）体制改革。

最后，要全面正确履行政府职能。一方面，要做减法，要进一步简政放权，深化行政审批制度改革，市场机制能有效调节的经济活动，一律取消审批；最大限度减少中央政府对微观事务的管理，直接面向基层、由地方管理更方便有效的经济社会事项，一律下放地方和基层管理。另一方面，要做加法，政府要加强发展战略、规划、政策、标准等制定和实施，加强市场活动监管，加强各类公共服务提供。加强中央政府宏观调控职责和能力，加强地方政府公共服务、市场监管、社会管理、环境保护等职责。

**2. 加快推进财税体制改革，建设高效节约型政府**

首先，要建立事权和支出责任相适应的制度并确立合理有序的财力格局。为此，要适度加强中央事权和支出责任，国防、外交、国家安全、关系全国统一市场规则和管理等作为中央事权，部分社会保障、跨区域重大项目建设维护等作为中央和地方共同事权，区域性公共服务作为地方事权，据此逐步理顺事权关系；在此基础上中央和地方按照事权划分相应承担和分担支出责任，并结合税制改革，考虑税种属性，进一步理顺中央和地方收入划分，以及健全省以下财力分配机制。

其次，要改进预算管理制度，建立和实施全面规范公开透明的预算制度。其中包括：完善政府预算体系，加大政府性基金预算、国有资本经营预算与一般公共预算的统筹力度，完善社会保险基金预算编制制度；实施跨年度预算平衡机制和中期财政规划管理，加强与经济社会发展规划计划的衔接；全面推进预算绩效管理，建立权责发生制政府综合财务报告制度和财政库底目标余额管理制度；建立政府资产报告制度，深化政府债务管理制度改革，建立规范的政府债务管理及风险预警机制。

最后，要改革和完善税收制度。其重点包括：完善地方税体系，逐步提高直接税比重；全面完成营业税改增值税改革，建立规范的消费型增值税制度；调整消费税征收范围、环节、税率，把高耗能、高污染产品及部分高档消费品纳入征收范围；加快房地产税立法并适时推进改革；加快资源税改革，实施资源税从价计征改革，推动环境保护费改税；逐步建立综合与分类相结合的个人所得税制；按照统一税制、公平税负、促进公平竞争的原则，加强对税收优惠特别是区域税收优惠政策的规范管理，税收优惠政策统一由专门税收法律法规规定，清理规范税收优惠政策；等等。

## （三）健全货币政策和宏观审慎政策的金融调控框架，完善金融风险监管体系

### 1. 建立健全有中国特色又与国际接轨的宏观调控体系

宏观调控的主要任务是保持经济总量平衡，促进重大经济结构协调和生产力布局优化，减缓经济周期波动影响，防范区域性、系

统性风险，稳定市场预期，实现经济持续健康发展。就我国宏观调控的任务与目标而言，还要更加注重扩大就业、稳定物价、调整结构、提高效益、防控风险、保护环境，更加注重引导市场行为和社会预期，为结构性改革营造稳定的宏观经济环境。

第一，要健全以国家发展战略和规划为导向、以财政政策和货币政策为主要手段的宏观调控体系，依据国家中长期发展规划目标和总供求格局实施宏观调控。发挥国家发展战略和规划的引导约束作用，各类宏观调控政策要服从服务于发展全局需要。

第二，要推进宏观调控目标制定和政策手段运用机制化，完善以财政政策、货币政策为主，产业政策、区域政策、投资政策、消费政策、价格政策协调配合的政策体系，提高相机抉择水平，增强宏观调控前瞻性、针对性、协同性。形成参与国际宏观经济政策协调的机制，推动国际经济治理结构完善。

此外，完善的宏观调控离不开强大的研判能力和信息搜集处理能力。为此，要加强经济监测预测预警，提高国际国内形势分析研判水平；强化重大问题研究和政策储备，完善政策分析评估及调整机制；建立现代统计调查体系，推进统计调查制度、机制、方法创新，注重运用互联网、统计云、大数据技术，提高经济运行信息及时性、全面性和准确性。

**2. 推进金融市场的发育特别是价格机制的完善，有序推进金融市场的双向开放**

宏观调控的有效性离不开一个发育完善特别是价格机制完善的

金融市场。因此，要完善人民币汇率市场化形成机制，加快推进利率市场化，健全反映市场供求关系的国债收益率曲线；推动资本市场双向开放，有序提高跨境资本和金融交易可兑换程度，建立健全宏观审慎管理框架下的外债和资本流动管理体系，加快实现人民币资本项目可兑换。

**3. 健全货币政策和宏观审慎政策的金融调控框架，防范系统性金融风险**

要守住不发生系统性金融风险的底线，就必须进一步改革金融监管框架，加强金融宏观审慎管理制度建设，加强统筹协调，改革并完善适应现代金融市场发展的金融监管框架，明确监管职责和风险防范处置责任，构建货币政策与审慎管理相协调的金融管理体制。为此，需要从以下几个方面着力。

第一，要强化金融监管的统筹性，即统筹监管系统重要性金融机构、金融控股公司和重要金融基础设施，统筹金融业综合统计，强化综合监管和功能监管。

第二，要完善金融监管的协调机制，其中特别是要完善中央与地方金融管理体制，界定中央和地方金融监管职责和风险处置责任。

第三，要实现金融风险监管全覆盖，特别是建立针对各类投融资行为的功能监管和切实保护金融消费者合法权益的行为监管框架。

第四，要建立金融微观防火墙机制，包括要建立存款保险制度，完善金融机构市场化退出机制。

第五，要管理好对外金融风险，包括要加强外汇储备经营管理，优化外汇储备运用。

第六，要有效运用和发展金融风险管理工具，健全监测预警、压力测试、评估处置和市场稳定机制，防止发生系统性、区域性金融风险。

# 第五章　遵循新发展理念推进现代化经济体系建设

党的十九大提出，在"第二个一百年"的后三十年，分两个阶段接续奋斗，把我国建成富强民主文明和谐美丽的社会主义现代化强国。贯穿这一进程，建设现代化经济体系成为推进经济社会现代化工作的主体内容，成为各项工作的中心和重心，也就是贯彻落实"坚定不移把发展作为执政兴国的第一要务坚持解放和发展社会生产力，坚持社会主义市场经济改革方向，推动经济持续健康发展。"[①] 落实建设现代化经济体系的工作任务，要求我们立足现实，清晰判定发展所处历史阶段的特点，认识到"当前和今后一个时期，虽然我国发展仍然处于重要战略机遇期，但机遇和挑战都有新的发展变化，机遇和挑战之大都前所未有，总体上机遇大于

---

① 习近平：《决胜全面建成小康社会，夺取新时代中国特色社会主义伟大胜利——在中国共产党第十九次全国代表大会上的报告》，人民出版社2017年版，第29—30页。

挑战"。① 如何全力办好自己的事，锲而不舍实现我们的既定目标，就是要以新发展理念为指导，努力构建新发展格局，将经济建设的各项战略任务落实好，不断促进经济体系的"强身健体"和现代化水平的不断提升。

# 一、深刻理解新发展理念的理论和指导意义

基于中国经济持续高速健康发展经验的积累和对于坚持和完善中国特色社会主义制度的系统设计，以习近平同志为核心的党中央对中国经济社会面临的主要矛盾和主要矛盾的具体表现做出深刻解剖，明确指出："新时代我国社会主要矛盾是人民日益增长的美好生活需要和不平衡不充分的发展之间的矛盾，必须坚持以人民为中心的发展思想，不断促进人的全面发展、全体人民共同富裕。"② 正是由于准确把握了新发展阶段的特点，发现并驾驭了我国社会发展新阶段的主要矛盾，对于引领中国经济发展实践，我们党提出了"创新、协调、绿色、开放、共享"为主要内容的新发展理

---

① 习近平：《把握新发展阶段，贯彻新发展理念，构建新发展格局》，《求是》2021 年第 9 期。

② 习近平：《决胜全面建成小康社会，夺取新时代中国特色社会主义伟大胜利——在中国共产党第十九次全国代表大会上的报告》，人民出版社 2017 年版，第 29—30 页。

念，回答了关于发展的目的、动力、方式、路径等一系列理论和实践问题。正如习近平总书记特别指出的：“理念是行动的先导，一定的发展实践都是由一定的发展理念来引领的。发展理念是否对头，从根本上决定着发展成效乃至成败。”①作为一个系统的理论体系，围绕发展这一核心议题所形成的新发展理念，抓住了发展是解决我国一切问题的基础和关键，表明了我们党对于探索社会主义建设规律的实践，极为重要的方面就是能够做到认清和用好经济建设规律。

以新发展理念为主要内容的习近平新时代中国特色社会主义经济思想，是“我国现代化建设的指导原则”，这一重要思想深刻分析了总结国内外发展经验、发展趋势、发展挑战，对中国道路、中国经验做出了全面系统的、理论形态上的创新创造和概括提炼，坚持、丰富和发展了马克思主义政治经济学，标志着我们党对社会主义经济建设各种关系、各个方面规律的认识和运用上升到了全新境界。“强调创新发展注重的是解决发展动力问题，协调发展注重的是解决发展不平衡问题，绿色发展注重的制解决人与自然和谐问题，开放发展注重的是解决发展内外联动问题，共享发展注重的是解决社会公平正义问题。”②

以新发展理念指导经济社会转向高质量发展，作为我国开展经

①②　习近平：《把握新发展阶段，贯彻新发展理念，构建新发展格局》，《求是》2021年第9期。

济活动、实施经济政策、评估经济绩效的根本依据。转向高质量发展充分体现出经济体系的优化和质量的提升，推进高质量发展直接表现为现代化经济体系的建设发育和经济运行效能的改善和提高。高质量发展包含了保持中高速的经济增长速度、经济发展动能转换、结构优化、生产要素组合效率（全要素增长率水平）提高和经济发展的可持续性；从高速增长阶段转向高质量发展阶段意味着体制机制的转变，高质量的经济发展需要相应的制度、政策和配套措施作为支撑，尤其是这些制度、政策和配套措施并不是相互割裂和独立的，它们通过功能互补形成了对我国经济高质量发展的系统性支持。正是在这个意义上，建设现代化经济体系就具有极为突出的实践针对性和重要性，它是我国践行新发展理念、实现高质量发展的内在要求，也是有力地促进加快构建新发展格局的重要举措。概括地说，新发展理念–高质量发展–现代化经济体系"三位一体"，分别从理念、阶段和回应方案等维度体现了新时代中国经济发展的基本逻辑，而"建设现代化经济体系是跨越关口的迫切要求和我国发展的战略目标"。

如前所述，建设现代化经济体系需要推动经济发展质量变革、效率变革、动力变革，持续提高经济发展进程中的全要素生产率，形成契合高质量发展的新型产业体系和经济体制，需要重点回应我国经济发展实践中的不平衡、不协调、不可持续问题，将解决不平衡不充分发展的问题作为推动经济高质量发展的切入点和落脚点。建设现代化经济体系需要采取有针对性的制度和政策完善方案，以形成我国高质量发展阶段的新动力源泉，从而在经济维度切实贯彻落实创新、协调、绿色、开放、共享等发展理念，为我国全面建成小康社会和加快推进现代化建设提供坚实基础。换言之，建设现代化经济体系不是一个单纯的理论命题，而是一个具有丰富内涵的实践命题，应坚持问题导向和目标导向，即将解决经济发展实践中的结构性问题作为建设的关键点，将形成高质量的经济发展新格局作为建设的战略取向。从这种理解出发，现阶段我国建设现代化经济体系必须以新发展理念为指导，重点推进若干工作任务，以形成经济高质量发展新格局为枢纽。

建设现代化经济体系，与构建新发展格局的各项具体任务相互之间形成了有机统一的联系，以促进提高"经济循环的畅通无阻"作为关键标志着力建构新发展格局，着力提升经济体系运行质量，充分释放经济体系现代化的功能和效率，展现经济体系的建设质量和现代化水平。"经济活动需要各种生产要素的组合在生产、分配、流通、消费各环节有机衔接，从而实现循环流转"，[①] 形成更高效率和更高质量的投入产出关系，实现经济在高水平上的动态平衡。根据党的十九大报告所提出的工作任务，我们可以从经济建设的"六大任务"的落实执行作为建设现代化经济体系的具体工作内容来展开讨论。

---

① 习近平：《把握新发展阶段，贯彻新发展理念，构建新发展格局》，《求是》2021 年第 9 期。

## 二、以深化供给侧结构性改革举措提高供给体系质量，锻造实体经济物质基础力量

"建设现代化经济体系，必须把发展经济的着力点放在实体经济上，把提高供给体系质量作为主攻方向。"[①] 在市场经济条件下，供给和需求是实现市场运行、商品交换、价格均衡的两个不同侧面，供给和需求从来都是交互发挥作用并对经济绩效产生影响。从理论研究的角度看，人们可以依据这两个侧面形成理解经济发展的不同思路。例如，在需求维度，凯恩斯主义往往立足于需求管理视角，强调特定国家的国民经济取决于投资、消费和净出口，而财政政策、货币政策可以通过影响利率等变量，影响投资、消费、净出口进而影响经济增长绩效。这种思路为特定国家相机选择财政政策和货币政策，从而在短期内推高经济增长、熨平经济波动提供了依据。在供给维度，新经济增长理论则强调特定国家的经济增长取决于两类因素：要素投入和不同要素的组合效率，而要素组合效率通常用全要素生产率（total factor productivity—TFP）等指标来标度。考虑到要素的供给约束以及边际收益递减特征，从长期来看，特定国家的

---

[①] 习近平：《决胜全面建成小康社会，夺取新时代中国特色社会主义伟大胜利——在中国共产党第十九次全国代表大会上的报告》，人民出版社 2017 年版，第 30 页。

经济增长应凸显出对要素组合效率提高的倚重，而这种要素组合效率主要导源于技术、产品、市场、组织等多种类型的创新。尽管上述两种思路均服务于特定国家经济发展这个目标，但两者的出发点和政策侧重点是有区别的，前者往往侧重于短期的危机应对，而后者则通常侧重于长期的发展动力；前者往往强调政府的经济调控功能，而后者则通常侧重于微观经济主体的内生能力；前者往往集中于财政政策和货币政策的实施，而后者则通常侧重于企业和居民的经济环境持续改善。

改革开放以来，我国经济的持续高速增长与市场化的体制转型紧密相关，而市场化的体制转型必然引发供给和需求两个维度的深刻变革。在过往的 40 年中，产品供给能力的显著增强和产品市场需求的不断释放是中国经济的重要特征事实。从经济调控的角度看，我国政府在经济波动时通常倾向于采用财政和货币政策来实现宏观经济目标。例如，2008 年在国际金融危机的外部冲击下，我国 GDP 增长率短期内出现了急剧下滑，据此我国政府采取了"四万亿元"政府投资、推进十大产业振兴计划和宽松的货币政策等一揽子经济刺激方案。从实施效果来看，一揽子经济刺激方案避免了我国经济增长率出现断崖式下降，但同时也带来了特定产业的产能过剩、房地产等资产价格走高、地方政府债务快速攀升等负面后果，中国经济发展进程中业已存在的结构性问题事实上是被放大和加剧了。

需求管理方案有助于熨平短期的经济波动，且其主张的财政货币政策也通常具有总量特征，难以有效回应我国经济发展面临的一系列结构性问题。从根本上说，我国经济发展必须在深化经济体制改革的基础上，采用结构性的政策消除经济领域中的不平衡不充分发展问题，必须将提高要素组合效率放在长期发展的关键位置，必须将提高全要素生产率作为经济持续发展的新型动力源泉。这就促使我国的宏观经济调控思路从需求管理转向供给侧结构性改革。2015 年 12 月，中央经济工作会议提出要加强供给侧结构性改革，此后，供给侧结构性改革成为我国开展经济工作的重要依据，党的十九大报告更是强调我国建设现代化经济体制应以供给侧结构性改革为主线。

我国的供给侧结构性改革有三个关键词：供给侧、结构性、改革。"供给侧"表明我国实施经济政策从此前过度强调政府投资的需求思维，转向了更加强调要素组合效率和发展质量的供给思维；"结构性"表明我国实施经济政策不单纯追求经济的高速增长，而是立足于经济领域的不平衡不充分发展问题，重点采用结构性方案解决发展中的一系列结构性问题，提高供给体系的质量和效率；"改革"表明我国实施经济政策不是主要依靠单一的财政和货币政策工具，而是通过深化经济体制改革形成更为良性的政府-市场关系，使市场在资源配置中起决定性作用并更好地发挥政府作用，从而充分释放各类微观经济主体的经济活力和创新能力，将微观经济主体的活力作为推动长期经济发展的内生力量。

从上述界定出发，我国的供给侧结构性改革与西方的供给学派存在着差别。西方供给学派的理论渊源是萨伊定律：供给自动创造自身的需求，其实践是 20 世纪 70 年代西方世界面临着严重"滞胀"挑战。由此，英国和美国采用了供给学派的自由主义经济哲学和政策主张：繁荣经济最好通过减少行业管制和企业税收，鼓励经营者提供更多廉价商品来实现。概括起来，供给学派导源于西方国家的"滞胀"背景，思想基础来源于经济自由主义，政策主张突出对微观经济主体的减税。与此相区别，我国的供给侧结构性改革则导源于我国经济发展进入增速下降、结构转化、动能转换的新常态。我国经济从高增长阶段转向高质量发展阶段，思想基础来源于社会主义市场经济体制这个经济体制改革目标，政策主张则强调深化市场化改革、改善企业营商环境、增强政府经济调控效力等。由此可见，不能将供给侧结构性改革等同于西方的供给学派主张，供给侧结构性改革是从中国实践中提炼出来、并用于指导中国经济发展的本土化新命题，深化供给侧结构性改革是贯彻落实创新、协调、绿色、开放、共享等发展理念的必然要求。

供给侧结构性改革不仅意味着经济调控理念观念的转变，而且也是经济调控操作方案的转变。从具体实施的角度看，我国的供给侧结构性改革主要应瞄准现阶段的发展瓶颈而展开，从而提高整个供给体系质量和效率，并促使我国经济从高增长阶段顺利转向高质量发展阶段。具体而言，现阶段我国实施供给侧结构性改革应继续推进"三去一降一补"。党的十九大报告强调"坚持去产能、去库存、去杠杆、降成本、补短板，优化存量资源配置、扩大优质增量供给，实现供需动态平衡"。从短期来看，"三去一降一补"是我国实施供给侧结构性改革的主要内容。为此，我国应在深入分析产能过程市场成因和行政成因的基础上，瞄准钢铁、水泥、电解铝、平板玻璃、船舶业等主要产能过剩领域，引导企业基于市场格局变动消化过剩产能，同时通过完善地方政府的绩效考核方式减弱新一轮产能过剩的形成基础。针对房地产市场的供需失衡格局，将解决中小城市的房地产供给过剩、库存累积问题放在重要位置，通过完善城乡户籍制度、加快农村人口市民化进程、完善房地产调控政策等加快中小城市房地产去库存；立足于金融体系完善来化解企业、居民以及部分地方政府的高杠杆率问题，通过要素市场化改革和加强基础设施建设来降低各类经济主体的交易成本，依靠对农村贫困人口的精准扶贫和内生脱贫来弥补我国经济发展的瓶颈环节。

除了"三去一降一补"之外，从较长时期来看，我国的供给侧结构性改革应着力培育新的发展动能或经济增长点，从不同维度形成对高质量发展的技术和制度支撑。具体包括：

从基础设施的角度看，我国供给侧结构性改革需要提高各类要素和商品的流动性，提高劳动生产率、资本回报率、土地产出率和全要素生产率，而要素和商品的流动性以及组合效率取决于基础设施的完善程度。改革开放 40 多年来，我国基础设施建设在时序意义上取得了显著发展绩效，但与基本实现现代化和建成现代化强国的目标相比，基础设施建设也存在较大发展空间，城乡、区域之间的建设程度也存在较为明显的失衡格局。据此，我国必须加强水利、铁路、公路、水运、航空、管道、电网、信息、物流等基础网络建设，推动互联网、大数据、人工智能和实体经济的融合发展，特别是，应在充分考虑劳动力和人口集聚的条件下，推动城乡和区域之间的基础设施的合理规划和相对均衡发展，以此在技术层面降低市场交易成本，为要素配置效率提高提供有利条件。

从产业结构的角度看，我国供给侧结构性改革应充分利用人口和地理规模庞大的比较优势，支撑传统产业的转型升级，通过产业链延伸和产业功能拓展发展先进制造业，提高制造业各环节的附加值，促使我国从制造大国走向制造强国。与此同时，瞄准节能环保、信息技术、新能源、新材料、生物技术、新能源汽车、高端装备制造业等战略信息产业，开展核心技术创新并拓展市场体系，以此形成重点产业从制造业向战略性产业的平滑转换。在经济增长、居民消费结构转变以及营商环境改善的前提下，推动生产性服务业和生活性服务业的发展，使各类产业形成相互促进、相互支撑的良性互动格局。

从要素供给的角度看，供给侧结构性改革需要要素供给方式、尤其是人力资源要素供给方式的变革，供给侧结构性改革旨在提高供给体系的质量和效率，而企业家作为生产要素的组织者和经营风险的承担者，其在提高供给体系质量中扮演着至关重要的角色。为此，我国应通过深化要素市场化改革、加强产权保护、发展混合所有制经济等，激发和保护企业家的创新创业活力。同时，依靠完善教育和培训体系、深化金融体系改革、推进收入分配制度改革等方式，建设知识性、技能型、创新型劳动者大军，为我国经济的高质量发展和供给侧结构性改革提供人力资源维度的有力支撑。

## 三、坚持"创新"发展，加快建设创新型国家

坚持创新在我国经济现代化建设全局中的核心地位，要把科技自立自强作为国家发展的战略支撑。我国现代化经济体系以实现经济高质量发展为基本指向，高质量发展需要促使我国经济发展方式转型，即从过度倚重有形要素投入的粗放方式转变为更多依靠要素组合效率的集约方式。依靠要素组合效率推动的经济发展，可以规避特定国家的要素供给约束以及要素边际报酬递减态势，因此更具高效益特征和可持续性。从实现机制的角度看，要素组合效率提高导源于特定国家经济制度、组织和技术等领域的创新程度，特别是，科技领域的创新不仅能够提高现有产业的生产与流通效率，以较少的投入获取更大的产出，而且可以推动并形成新的产业形态和商业模式，从而导致市场供给和需求实现更高水平的平衡。正是立足于创新在经济发展中的关键作用，熊彼特强调经济发展的实质是实现创新，而创新就是"生产函数的变动"，或者说将一种从来没有过的关于生产要素和生产条件的新组合引入生产体制中。[1]

---

[1]　约瑟夫·熊彼特：《经济发展理论》，何畏等译，商务印书馆 1990 年版。

从上述理解出发，我国推动发展方式转型、提高供给体系质量和效率就必须将创新放在核心位置，加快建设创新型国家是建设现代化经济体系的前置条件和基础环节。党的十九大报告明确提出，"创新是引领发展的第一动力，是建设现代化经济体系的战略支撑"。

在经济学研究中，全要素生产率度量了剔除资本和劳动力等要素投入之后，因技术-制度创新以及要素组合效率提高而推动的增长程度，它是测度创新程度、创新对发展贡献程度以及经济发展质量的常用指标。所谓集约型的经济发展，就集中体现为全要素生产率增长率及其对增长贡献度的持续提高。进入 21 世纪以来，我国在推动发展方式转型的背景下不断凸显创新对经济高质量、可持续发展的支撑作用。例如，2006 年全国科技大会提出，我国应提高自主创新、实施创新型国家战略，并颁布了《国家中长期科学和技术发展规划纲要（2006—2020）》。2012 年，中共中央、国务院印发了《关于深化科技体系改革加快国家创新体系建设的意见》。2016 年，中共中央、国务院印发了《国家创新驱动发展战略纲要》，该《纲要》提出我国应在 2020 年进入创新型国家行列、2030 年跻身创新型前列、2050 年建成世界科技创新强国。特别是党的十九届五中全会通过的《中共中央关于制订国民经济和社会发展第十四个五年规划和2035 年远景目标的建议》，将"创新"作为首要的工作任务内容和工作质量要求，明确发出"加快建设科技强国"的动员令。

建设创新型国家，就是要努力做到以科技创新作为经济社会发展的主要驱动力量。它集中表现为：整个国家对创新活动的投入高，重要产业的国际技术竞争力强，自主创新能力优异，投入产出的转化绩效显著，科技进步和技术创新对产业发展以及国家经济增长的作用突出。据此，我国从研发投入增长等诸多维度切入推进创新性国家战略。例如，2016 年发布的《中华人民共和国国民经济和社会发展第十三个五年规划纲要》提出，2015—2020 年，我国研究与试验发展经费投入强度应从 2.1％提高至 2.5％，每万人专利发明拥有量应从 6.3 件提高至 12 件，科技进步贡献率应从 55.3％提高至 60％。然而，创新投入持续增长是提高创新能力、建设创新型国家的前提条件，但它并不能必然和自动导致创新产出及其对经济贡献度的提高。经验研究显示：2008—2015 年，我国研发投入强度从 1.4％提高至 2.1％，但该时段全要素生产率以及全要素生产率对经济增长的贡献率却出现了持续下降。[1] 创新投入强度与 TFP 增长率之间的"剪刀差"是新常态背景下我国经济体系的重要特征事实，这一特征事实可称为中国经济发展进程中的创新之谜。

根据《中华人民共和国国民经济和社会发展十四五规划和 2035 发展战略纲要》，"十四五"时期，基础性研究经费占研发投入比重将提高到 8％以上。做到全社会投入强度始终保持高于"十三五"时期的实际投入水平。着力推进加快建设创新型国家，坚持创新驱动发展，全面塑造发展新优势。强调必须将提高全要素生产率放在核心位置，必须了解全要素生产率提高的影响因素及内在机制，必

---

[1] 高帆：《我国经济转型中的创新之谜》，《探索与争鸣》2017 年第 4 期。

须将研发投入强度增强视为全要素生产率提高的充分条件、而非充分必要条件。现阶段，我国正处在市场化导向的体制转型阶段，而企业是市场经济最主要的微观经济主体，因此也就是最主要的经济创新和要素组合效率改善推动主体。创新型国家包括国家针对基础研究领域的创新投入，也包括对企业基于市场信号开展创新活动的激励。在某种程度上，企业的创新活动引导着国家在基础领域的创新活动，它在创新型国家的建设过程中扮演着更为重要的角色。问题在于：企业的创新是一个内涵创新投入增强-创新成果转化-创新绩效获取的完整链条，企业推动经济创新取决于对市场的判断及其对要素相对价格的权衡，市场需求越充分、市场交易效率越高则企业的创新动机就越强，而企业在产品、工艺、市场、原材料、组织等方面的创新总是依据要素相对价格变动而做出的，其创新的基本方向是密集使用相对便宜的要素而节约使用相对昂贵的要素。进一步地，企业要素相对价格的确定则取决于要素市场的发育和完善程度，而要素市场的发育和完善程度则取决于政府-市场之间关系的持续改善，"做对价格"是实现要素组合效率提高的前置条件，而政府针对要素市场的公共产品供给以及干预程度则直接影响着创新进程。由此可见，全要素生产率提高不仅取决于技术进步以及由此衍生的技术创新投入力度，而且取决于整个经济体的市场化程度，尤其是要素市场的发育和完善程度，以及政府为形成良性化要素市场秩序而实施的经济制度质量。

依据上述理论推演，可以提出我国建设现代化经济体系过程中，加快建设创新型国家的相关政策含义。

首先，完善以全要素生产率提高为导向的创新指标体系。建设创新型国家的基点是提高创新或全要素生产率对经济发展的驱动力，增强创新投入是提高全要素生产率的重要途径，但增强创新投入力度和全要素生产率改善之间不存在必然的对应关系，不能希冀研发投入强度提高必然会导致全要素生产率对经济发展贡献率的必然改善。由此出发，我国不能仅仅利用研发经费投入强度等测度经济创新程度，而应将全要素生产率增长放在反映创新程度的关键位置，引入全要素生产率以弥补研发经费投入强度等指标的缺陷，以此形成更为科学和系统的经济创新评价指标体系，在高质量发展指标体系和激励体系中突出全要素生产率等能够精确反映创新进程的指标。

其次，突出各类企业在创新型国家建设中的主体地位。党的十九大报告强调"深化科技体制改革，建立以企业为主体、市场为导向、产学研深度融合的技术创新体制，加强对中小企业创新的支持，促进科技成果转化"，这在很大程度上回应了我国研发投入强度与全要素生产率两者之间的偏离。当务之急是加快劳动力、土地、资本等生产要素领域的市场化进程，促使要素市场价格能够更为精确地反映要素稀缺程度，着力解决各类企业，尤其是民营企业在产业进入和要素获取中面临的制度性障碍，加快收入分配体制改革和社会保障体系建设以拓展国内市场需求，依靠财政、金融等政策工具以及信息平台建设来增强产学研融合程度，进而通过营商环境优化来激发各类企业的创新活力。

再次，增强基础知识创新和应用技术创新之间的关联性。创新型国家不仅需要一大批应用技术创新直接转化为生产力，而且需要一大批基础知识创新以形成应用技术创新的强大支撑力。考虑到基础知识创新往往具有投入高、时间长、外部性显著等特征，因此，应用技术创新应主要由企业、特别是民营企业实施，而基础知识创新则必须将其视为"公共产品"或"准公共产品"，主要由政府或部分国有企业来推进。为此，国家应瞄准国际科技前沿以及战略新型产业的技术瓶颈，依托国家重大科技项目或跨部门、跨地区的科技创新联盟推进基础知识创新，在开展基础知识创新中应注重企业应用技术创新的动态需求，从而将国家创新战略与企业的市场行为更为紧密地结合起来，在强化关联性中形成建设创新型国家的动力源泉。

最后，增强人力资本对创新型国家的主要支撑作用。建设创新型国家归根结底需要考虑人的因素，无论是基础研究创新还是应用技术创新都需要高素质的劳动者来推进。此外，伴随着"刘易斯转折点"的来临，我国的劳动力数量优势必须逐步转换为质量优势，通过人力资本含量的提高来构筑持续创新的基石。为此，我国必须将创新人才的培养和组织放在战略高度来对待，通过完善人才形成、使用、评价、激励体制增强我国整体的创新人力资源，培养造就一大批具有国际水平的战略科技人才、科技领军人才、青年科技人才和高水平创新团队，以此为我国加快建设创新型国家提供人力资源维度的坚实基础。

# 四、以实施乡村振兴战略促进城乡经济
## 相融一体化发展

处理好城乡发展关系，在城乡空间关系突破传统的二元结构，建立健全城乡融合发展体制机制和政策体系，提高经济体系的现代化水平。新中国成立以来，我国经济体系长期存在着城乡二元结构问题。改革开放以来，尤其是进入 21 世纪之后，我国在经济持续高速增长的背景下实施了一系列支农强农惠农政策，这些政策对农业发展、农民增收和农村进步起到了积极作用，但迄今为止，我国农产品的供给能力与城乡居民变动的、多样化农业需求仍存在失衡，农民持续稳定增收的机制尚不完善，城乡居民收入水平、消费水平以及社会保障获取水平仍存在显著落差，农村基层组织和治理机制需要完善，农村水源污染和生态环境保护问题较为突出。

改革开放以来，市场化导向的经济体制改革加快了城乡之间的商品和要素流动，特别是，农村劳动力非农化转移加快了二元经济结构转化、优化了城乡要素配置效率并推动了我国整体的经济高速增长。然而，在此过程中，农村外流的劳动力绝大多数是农村中人力资本含量较高的劳动者，这意味着农村劳动力转移深刻改变了农村的人力资源结构。与此同时，由于不同部门的要素收益率存在差别，农村资本和土地等要素也出现了较为显著的单向度外流态势，城乡要素交换关系导致中西部部分农村地区"空心化"程度加剧，这些农村的经济社会文化等功能面临着整体衰退的格局，且中国的贫困问题集中发生在农村地区。上述情形意味着：在城乡两大板块中，农业、农村和农民问题仍是我国现代化进程中的瓶颈问题。我国建设现代化经济体系必须立足于创新、协调、绿色、开放、共享等发展理念，通过实施乡村振兴战略形成新时代解决"三农"问题和城乡融合发展问题的新机制。

乡村振兴战略是我国在经济高质量发展阶段针对城乡关系和"三农"问题提出的新命题。进入 21 世纪以来，我国实施了社会主义新农村建设，并推动了农业供给侧结构性改革，与农业供给侧结构性改革相比，乡村振兴战略试图在系统化思维下解决农业、农村和农民问题，而不是将战略的侧重点聚焦于农业发展这个相对较窄的领域。与社会主义新农村建设相比，乡村振兴战略对应的目标定位和总体要求也有所区别。2005 年，党的十六届五中全会提出了建设社会主义新农村的重大历史任务，同年 12 月 31 日中共中央、国务院发布了《关于推进社会主义新农村建设的若干意见》，社会主义新农村是基于全面建设小康社会这个目标，通过以工促农、以城带乡改变农村经济社会发展相对滞后格局。当前，我国正处在全面建成小康社会的决胜阶段，同时也处在为 2035 年基本实现现代化和 21 世纪中叶建成社会主义现代化强国奠定基础的特定时期，在这种背景下，乡村振兴战略是建成现代化强国这个更为高远的目标相关联的。

从建设要求来看，社会主义新农村以"生产发展、生活宽裕、乡风文明、村容整洁、管理民主"为要求，而乡村振兴战略则以"产业兴旺、生态宜居、乡风文明、治理有效、生活富裕"为要求，这里的产业兴旺不仅是指农村内部的农林牧渔供给质量和效率提高，而且是指农村内部的第一、二、三产业融合发展能够切合城乡居民的多元化需要；生态宜居则凸显了农村经济发展与环境改善之间的协同，从而在农业农村现代化进程中体现出对绿色新发展理念的回应；乡风文明不仅需要在现代化进程中继承发扬农村优秀传统文化，而且需要依据发展实践形成健康多样的新型农村文化产品；治理有效不仅需要完善各级政府对农业农村的管理方式，而且需要基于农村社区内生化地形成各类自我治理方式；生活富裕不仅是指城乡居民收入和消费差距在持续缩减，而且是指城乡居民能够获得相对均等的基本公共服务和发展机会。显而易见，乡村振兴战略是基于现代化强国的战略目标来实现城乡融合发展新格局，乡村振兴战略与新农村建设存在着继承并动态调整的关系，不能简单地将乡村振兴战略等同于社会主义新农村建设。

概括起来，乡村振兴战略意味着我国立足于21世纪中期实现现代化强国的战略目标，以系统而不是割裂思维回应农业农民农村问题，乡村振兴战略在内容上包括农业发展、农民增收和农村进步，在主体上包括政府、企业和农户，它是一个内涵丰富、指向多元、定位高远的经济社会概念。作为一个正处在经济体制转型中的发展中大国，我国的乡村振兴战略不能单纯依靠政府力量，在全国范围短时期同步达成。乡村振兴战略需要凸显农业经营者的主体地位，需要厘清市场逻辑和政府作用的边界及其功能互补，需要关注不同时段乡村振兴战略的路径及其顺畅链接，需要考虑不同地区乡村振兴战略的共同制度基础及差异化方案。从具体操作的角度看，现阶段我国实施乡村振兴战略需要重点考虑如下内容：

一是动态理解和实现粮食安全目标。作为一个拥有 14 亿人口的发展中大国，我国的粮食安全目标必须通过国内农业现代化来保障。然而，伴随着经济发展和城乡居民的需求结构变动，我国的粮食安全包含了三个层次：数量安全，即解决农产品是否够吃的问题；品质安全，即解决农产品是否好吃的问题；供应链安全，即解决从种业、土壤、气候、田间管理、产品加工到市场流通是否高效对接的问题。伴随着时间的推移，居民对农产品品质安全和产业链安全需求在增强，这内在地需要我国动态地理解并实现粮食安全目标，在确保数量安全的基础上，应着力完善农产品品质追溯体系、增强农业科技投入，加强农业服务体系建设，以此实现多层次的粮食安全目标。

二是大力推进农村产业融合发展。农村产业融合即通过农业功能拓展和产业链延伸提高农业供给体系质量和效率，以此适应城乡居民对农业的多样化、差异化需求。农业除食品供给功能之外，通常还具有生态、休闲、旅游、创意、文化等诸多功能，在收入持续增长的条件下，城乡居民对农业的非食品功能需求在不断提高，这就需要我国在夯实农产品供给能力的背景下，通过农业的功能拓展和产业链延长实现农村一、二、三产业融合发展，拓展农民的就业范围和收入渠道。当务之急是在政策层面通过土地制度、财税制度和金融制度等为农村的产业融合发展提供支持，消除休闲农业、生态农业等面临的用地短缺、资本不足等体制障碍。

三是继续深化农村土地制度改革。农村土地制度改革应在耕地、非经营性集体建设用地（宅基地）、经营性建设用地等多个维度展开，特别是耕地和宅基地制度变革对城乡土地要素再配置具有关键作用。针对耕地，我国应通过产权细分完善承包地的所有权、承包权、经营权"三权"分置制度。"三权"分置制度的核心是坚持土地集体所有权，稳定农户承包权（第二轮土地承包到期后再延长三十年），进而通过土地流转实现土地经营权的社会化配置，即"不改变土地集体所有制和农户土地承包关系，通过产权细分实现土地经营权在更大范围内的流动和可交易性"。[①] 在放活经营权的过程中，政府应通过规范土地流转市场、提供土地流转信息、完善经营权权能等提高农村承包地的配置效率，加快推进农业的适度规模经营和经营组织方式创新。按照与承包地产权制度改革的相似思路，我国在城乡劳动力和人口流动的背景下，还应积极探索农村宅基地所有权、资格权、使用权"三权"分置改革，即落实宅基地集体所有权，保障宅基地农户资格权和农民房屋财产权，进而适度放活宅基地和农民房屋使用权。

----

① 高帆：《中国农地"三权分置"的形成逻辑与实施政策》，《经济学家》2018 年第 4 期。

　　四是推动农业组织方式和经营方式创新。党的十九大报告强调，要"构建现代农业产业体系、生产体系、经营体系，完善农业支持保护制度，发展多种形式适度规模经营，培育新型农业经营主体，健全农业社会化服务体系，实现小农户和现代农业发展有机衔接"。城乡之间的要素再配置导致农民选择空间的扩大，同时也导致农民群体的分化，即农村居民可以同时拥有土地承包权和经营权，也可以拥有土地承包权但让渡经营权，还可以同时放弃土地承包权和经营权。这种格局导致农业经营方式突破了此前单纯的家庭分散化经营方式。我国农村发展实践需要推进农业组织和经营方式创新。在分散化的家庭经营之外，我国可以通过政策引导发展专业大户、家庭农场、专业化合作社、农业股份合作社等新型经营主体，在新型经营主体发育的基础上，通过政府扶持和市场内生形成不同类型的农业社会化服务体系，发挥社会化服务体系的规模经济、范围经济和专业知识优势。同时，在农民分化的背景下，也需要完善农业支持保护制度，明确不同保护制度的目标、针对对象和实施方式，增强保护制度的针对性、操作性和实施效力。

　　五是逐步消除各类要素下乡的制度障碍。乡村振兴战略的总要求体现了农村经济、社会、文化、政治、生态"五位一体"发展思路，而这些发展思路的实现不能仅仅依靠农村内部的要素供给和要素组合，而应在城乡融合发展大格局下实现城镇知识、技术、信息甚至资本要素流入农村，引入外部的现代生产要素对农业农村现代化是至关重要的。现阶段，我国尽管已经在局部地出现了城镇资本、技术、知识进入农村的现象①，但各类要素下乡仍不是普遍状态且仍面临诸多约束。为此，我国应通过农村基础设施建设消除要素下乡的技术约束，同时更要通过土地制度变革、产权保护增强、市场秩序规范等消除要素下乡的制度障碍。值得强调的是，资本下乡与农村承包地对接来推进农村内部的产业融合发展，而农村土地事实上还部分地承担着农民社会保障功能，因此，资本下乡应与农村土地社会保障功能剥离、城乡基本公共服务均等化协调推进。

六是加强和完善农村基层治理体系。与城镇相比，农村往往是一个由熟人组成并具有相对稳定性的社区。改革开放以来，我国大规模的农村劳动力非农化转移也导致农村社会关系发生变化；同时，乡村振兴战略的"五位一体"发展格局则导致需要持续提高农村公共产品供给能力。在上述格局下，加强和完善农村基层治理体系就具有举足轻重的作用。农村基层治理不能仅仅依靠自上而下的行政管理模式，而应立足于农村的社区特征以及文化传统形成自治、法治、德治相结合的综合治理体系，发挥村委会、专业合作社、龙头企业、非政府组织等不同组织在农村治理的作用，在政府行政治理与社区自发治理形成边界清晰、功能互补、相辅相成的状态。

---

① 农业部农村经济体制与体制管理司课题组：《农业供给侧结构性改革背景下的新农人发展调查》《中国农村经济》2016 年第 4 期。罗来军、罗雨泽、罗涛：《中国双向城乡一体化验证性研究》，《管理世界》2014 年第 11 期。

# 五、积极推进区域协调发展战略，发育优化经济体系的区域空间结构

中国是一个人口和地理规模庞大的发展中国家，地理规模庞大意味着地区间存在着较为突出的"异质性"特征，不同地区因区位特征、要素禀赋以及体制改革的渐进特征，在发展阶段、产业结构、发展水平等方面往往存在较大落差。改革开放40多年来，我国各个地区均实现了持续快速的经济增长，但横向比较来看，尽管不同区域都在向前发展，但它们之间的经济差距并未呈现出持续缩减态势，区域间的市场分割特征也仍然存在，经济要素向东部发达地区和中西部中心城区的集聚态势依然明显。统计数据显示：2020年我国人均GDP为72371元，而最高的北京和最低的甘肃分别为167640元和34059元，同年我国第一产业产值占比为7.7%，而最低的上海和最高的海南分别为0.26%和20.53%。[①] 概言之，地区经济差距是我国经济领域中不平衡不充分发展的一个重要体现，而地区经济差距长期存在不仅会加剧经济的结构性失衡，影响宏观经济政策的选择空间和实施效力，而且会诱发经济落后地区的社会治理问题，弱化边疆少数民族地区的向心力和凝聚力。

---

① 以上数据采集自《中华人民共和国2020国民经济和社会发展统计公报》，国家统计局，2021年2月28日。

改革开放以后我国在推动经济总量持续高速增长的同时，也始终将区域经济协调发展放在突出的战略位置。例如，党的十六大报告明确提出要积极推进西部大开发，促进区域经济协调发展；党的十七大报告强调要依靠统筹兼顾实现科学发展观，而统筹地区发展正是贯彻落实科学发展观的重要指向；党的十八大报告则指出必须以改善需求结构、优化产业结构、促进区域协调发展、推进城镇化为重点，着力解决制约经济持续健康发展的重大结构性问题。现阶段，我国在全面建成小康社会、基本实现现代化和建成社会主义现代化强国的进程中，必须更为积极地推进区域协调发展战略。这一战略就是要在空间或地理维度体现创新、协调、绿色、开放、共享等新发展理念，从而通过提高区域协调发展程度以支撑经济的高质量发展。

从理论上说，我国的区域协调发展既表现为东中西部等地区板块之间，也表现为特定板块内部的不同城市之间；它既表现为不同发展水平地区间的增速趋同，也表现为相似发展水平地区间的结构互补；它既表现为中央政府自上而下的纵向强力推动，也表现为不同地区因"共赢"而自发实施的横向融合。正是因为区域协调发展的表现和实现方式具有多样性，因此从操作的角度看，我国积极实施区域协调发展战略就不能采用单一的政策工具，多样化的经济政策更能契合战略的预期目标。现阶段，我国实施区域协调发展战略需要从如下方面切入：

一是依据比较优势推进不同经济板块的持续发展。党的十九大报告指出，要"强化举措推进西部大开发形成新格局，深化改革加快东北等老工业基地振兴，发挥优势推动中部地区崛起，创新引领率先实现东部地区优化发展，建立更加有效的区域协调发展新机制"。从发展实践来看，我国东中西部始终存在以人均 GDP 落差为标度的区域经济发展不平衡，对此，应继续依托西部大开发战略、东北振兴战略、中部崛起战略等，以中央政府的纵向基础设施投入、财政转移支付以及东部地区对中西部地区的对口援建为主要支柱平抑地区板块间的发展差距。与此同时，考虑到东中西部的禀赋条件存在差别，而信息技术发展则部分地弥补了中西部的区位劣势，由此我国更应促使企业和产业基于要素价格比较在区域间进行梯度转移，促使我国不同地区在特定产业的产业链各位置中进行布局，东部地区主要基于资本和技术优势发展现代服务业，而中西部则主要基于土地和劳动优势发展各类制造业，从而依靠市场力量和空间产业分工形成区域协调发展的长效机制。

二是持续完善不同经济板块之间的链接融合机制。西部大开发、东北振兴、中部崛起、东部优先发展等战略聚焦于不同经济板块自身的发展，区域协调发展除了依托各个板块自身的发展之外，还需要形成和优化不同经济板块之间的链接融合机制。在这个意义上，长江经济带等战略部署对区域协调发展就具有不容忽视的重要作用，原因在于长江经济带依托长江的地理流域而将东中西部的诸多地区串联起来，从而为不同区域间的要素流动、产业分工、错位发展提供了契机，当务之急是在政策层面应通过完善铁路、公路、水运、航空、管道等基础设施建设，降低长江经济带不同地区之间的市场交易成本，促使这些地区基于市场共赢原则更为紧密地联结起来。此外，我国农村劳动力和人口的非农化转移表现为工业化和城镇化进程，而这种转移不仅发生在城乡之间，而且发生在区域之间，这意味着农村劳动力和人口的再配置可以将不同经济板块联结起来。由此出发，我国应通过持续改革户籍制度和城乡公共产品供给制度，降低城乡居民流动的制度成本，加快农业转移人口市民化进程，从而在不同类型城市的交互作用中形成经济板块间的协同发展格局。

三是不断优化不同经济板块内部协同发展的体制环境。我国的区域协调发展不仅表现为不同经济板块之间的经济落差缩减，而且表现为同一板块内部不同城市的经济互补增强。我国长三角、珠三角、京津冀等均属于东部地区，且内部不同城市的人均 GDP 往往非常接近，但这些城市的要素禀赋特征通常并不一致，这就需要在板块内部形成资源互通、优势互补、分工深化、产业交错、收益分享的新型区域经济格局。就此而言，长三角一体化、珠三角一体化、京津冀协同发展也是区域协调发展战略的组成部分，对解决我国区域经济的不平衡不充分发展问题也具有重要意义。为了突进经济板块内部的协同发展，我国应加强板块内部的基础设施建设，为要素和商品的充分流动提供便利条件，应加强板块内部居民基本公共服务以及企业营商的对接，为微观经济主体的自发选择提供支撑条件。更为重要的是，板块内部的一体化进程意味着经济活动产生了空间"溢出效应"，而现有的行政绩效考核机制往往聚焦于各个行政区划内部，这就需要地区经济发展理念和制度设计的相应转变，在行政绩效考核和激励中应体现出区域间的经济外部性，将属地化的行政管理方式与流动性的要素配置方式有效结合起来。同时，在发展理念上应从"与邻为壑"的旧思维转向"融合共赢"的新理念，依托市场机制的资源配置效率提高来促使板块内各地区均产生福利改善。

## 六、加快完善社会主义市场经济体制，发挥经济体制改革对全面深化改革的牵引作用

作为如何处理资源配置方式的经济体制是蕴含于经济体系的运行和功能之中的经济制度因素，实践证明市场作为配置资源的具体手段，相较于其他资源配置工具手段而言，显得更加富有效率。正是在丰富的实践基础上，我国经济体制改革在差不多二十年前就明确了以建立社会主义市场经济体制作为经济体制改革的目标模式，提出了"发挥市场作为配置资源的基础性手段"，经过改革进程的不断深化。党的十九大报告进一步明确提出，要"使市场在资源配置中期决定性作用，更好地发挥政府的作用，推动新型工业化、信息化、城镇化、农业现代化同步发展"。[①] 处理好市场与政府之间的关

---

[①] 习近平:《决胜全面建成小康社会，夺取新时代中国特色社会主义伟大胜利——在中国共产党第十九次全国代表大会上的报告》，人民出版社 2017 年版，第 21—22 页。

系，加快完善社会主义市场经济体制，直接地反映表现了经济体系现代化发育水平。因此，需要围绕着"产权制度"和"要素市场化配置"作为经济体制改革的重点，继续推进改革深化，特别是要通过"以经济建设为中心，发挥经济体制改革牵引作用"，促进改革全面深化，推动经济社会持续健康发展。

20世纪70年代末期，基于对此前计划经济体制实施效果的深刻反思，我国在思想和实践两个层面开启了经济体制改革。在思想层面，我国在1979年确立了"计划经济为主，市场经济为辅"的思路，1984年则提出社会主义经济是公有制基础上的有计划的商品经济，直至1992年党的十四大报告提出"我国经济体制改革的目标是建立社会主义市场经济体制"。在实践层面，1978年以来对内市场化改革和对外开放程度提高，扩大了微观主体的经济自主权，释放了企业和居民的经济活力，加快了要素的跨部门、跨产业、跨地区流动，优化了产业结构和要素配置效率，这是我国经济总量保持持续高速增长的根本原因。区别于许多苏东国家的激进改革方案，我国的经济体制改革采取了从试点到推广、从农村到城市、从局部到全局、从增量到存量的渐进方式，这导致经济体制的不同领域、不同部分改革并不是同步进行的，迄今为止我国仍处在经济体制改革的"正在进行时"，而不是"一般过去时"。更重要的是，与发达国家相比，特别是与党的十九大报告提出的建成现代化强国战略目标相比，我国的经济体制改革还亟待进行深化和完善。考虑到经济体制改革意味着政府-市场关系的调整，意味着经济制度和政策的变动，而经济制度和政策会通过影响微观主体行为而对整个经济发展产生作用。据此，经济体制改革对我国的整体经济格局具有"牵一发而动全身"的作用，我国要实现经济高质量发展必须重视经济体制改革的牵引作用，并将加快完善社会主义市场经济体制作为建设现代化经济体制的基础环节，贯彻落实新发展理念也必须将深化经济体制改革放在更为突出的位置。

社会主义市场经济体制既要求市场在资源配置中发挥决定性作用，又要求政府在弥补市场失灵、实施宏观调控等领域更好地发挥作用。就此而言，我国深化经济体制改革的核心是依据实践变动处理好政府–市场关系，促使两者形成边界清晰、功能互补的良性互动格局。政府–市场关系是经济学研究的经典命题，但在理论上不存在"放之四海而皆准"的政府–市场最优组合。相反地，依据特定经济体的发展阶段来动态调整政府–市场关系更具有实践意义。在人类经济史上，并不存在一个适合于所有时空背景的理想化政府–市场关系模式。相反地，政府–市场关系更像是一个'挑战–回应'的持续性调整过程，特定国家在特定时期的政府–市场关系及其调整方向存在异质性。[1]

改革开放 40 多年来，我国在建设社会主义市场经济体制的目标指引下，不断扩大微观经济主体的自发选择空间，价格、供求等市场机制在资源配置中的作用不断凸显，中央政府对企业、居民和地

---

[1]　高帆、汪亚楠：《多维视角下政府与市场的经济关联》，《探索与争鸣》2014 年第 8 期。

方政府的经济放权在持续进行，各级政府提供公共产品、维护市场秩序的职能也在渐趋增强。然而，应该看到我国在政府-市场关系的调整中仍存在较大的改进空间，例如劳动力、土地、资本等要素市场化改革相对迟缓，商品市场化进程和要素市场化进程存在加大偏差，政府，尤其是地方政府在土地要素配置中仍具有较大的"自由裁量权"，政府对民营企业的产权保护仍需加强，民营经济在开展经济活动中仍面临产业进入障碍和资本获取困难，政府在生态环境保护、收入分配调节等领域的职能亟待增强，政府在经济调控中的角色定位和政策实施仍存在"越位"、"缺位"、"错位"问题。正是导源于经济体制改革过程中的上述问题，才抑制了要素配置效率的持续优化，并诱发或加剧了经济体系中的一系列结构性问题。反过来说，我国加快完善社会主义市场经济体制必须深化经济体制改革，而深化经济体制改革必须瞄准上述问题有针对性地进行突破，正如党的十九大报告所强调的，"深化经济体制改革必须以完善产权制度和要素市场化配置为重点，实现产权有效激励、要素自由流动、价格反应灵活、竞争公平有序、企业优胜劣汰"。具体而言，现阶段我国加快完善社会主义市场经济体制、充分发挥经济体制改革的牵引作用应重点推进如下工作任务：

一是深入推进企业改革。企业是我国社会主义市场经济体制最广泛、最普遍的微观主体，企业的活力、创新力、竞争力直接影响整个经济发展的质量和效益。从所有制性质来看，我国企业可分为公有制企业（以国有企业为代表）和非公有制企业（以民营企业为代表）。现阶段，我国围绕国有企业应完善国有资产管理体制，改革国有资本授权经营体制，实现从管理国有企业向管理国有资产、进而向管理国有资本的转换，不断丰富和拓展公有制经济的实现形式，推动国有资本做强做优做大，切实提高国有资本在落实国家调控政策、充实社会保障基金等方面的"宏观效率"。民营企业在我国经济增长、就业创造、科技创新、税收贡献等方面的作用不容忽视。现阶段，我国应加快完善要素市场化改革，降低民营企业在产业进入、要素获取等方面面临的障碍，通过影响环境改善推动民营企业发展。此外，我国还应通过发展各类形式的混合所有制经济，形成国有企业和民营企业的多类型组合方式，在创新企业资本形成方式以及治理结构的基础上激发各类企业的市场活力。

二是完善宏观调控机制。社会主义市场经济体制需要我国政府发挥经济调控功能，熨平经济波动，弥补市场失灵，实现持续协调健康的经济发展，而中国共产党的领导、公有制经济、经济总量增长等也为经济宏观调控提供了坚实基础。改革开放以来，我国注重采用五年规划纲要、财政货币政策等实现对经济的调控，考虑到国际经济格局的调整态势、国内经济高质量的发展目标，则我国必须不断完善宏观调控机制，提高宏观调控效力。为此，我国应加强对域外重要经济政治时间的预判能力，注重研判和辨析域外经济变动对国内经济的传导效应，应在财政政策和货币政策之外，发挥产业政策、就业政策、收入分配政策等的调控功能，扩大宏观调控政策的"备选项"和"工具箱"，依靠信息沟通和顶层设计提高不同政策工具的协同性。此外，宏观经济调控既涉及政策的制定，也涉及政策的执行。为此，我国应通过政府机构改革、行政考核激励方式完善等增强调控政策的执行性，完善对宏观经济政策执行效果的评估方式，以此提高宏观调控工具对经济高质量发展的支撑作用。

三是深化财政和金融体制改革。财政和金融是社会主义市场经济体制的两个支柱。改革开放以来，我国财政和金融体制改革也得到了快速推进，但现有的改革进程还难以适应经济高质量发展的需要。从财政体制来看，1994 年财政分权化改革之后，我国地方政府在"为增长而竞赛"的背景下普遍面临着财权-事权不匹配，这很容易诱发土地财政、地方政府债务攀高以及公共产品供给滞后等问题。当前，我国在完善地方政府行政绩效考核和激励方式的同时，必须加快建立权责清晰、财力协调、区域均衡的中央和地方财政关系，将区域溢出效应明显的事权适当上移至中央政府，同时赋予地方稳定的税收体系和财政收入来源。从金融体制来看，我国直接融资市场和间接融资市场的改革均在持续进行，但当前金融的"脱实向虚"问题较为突出，不同企业获得金融资源的制度成本存在明显差别，金融供给方式还不能有效地适应各类主体的金融需求，资本配置中的"过剩"和"短缺"往往同时存在。为此，我国必须深化金融体制改革，通过加强金融监管、发展战略新兴产业等方式提高金融服务实体经济能力，在商业金融机构中开设普惠性的金融事业部，在直接融资中形成主板市场、创业板、中小板相互支撑的多层次资本市场，在机构和职能整合的基础上提高金融监管能力。

# 七、以"制度性"开放，推动形成全面开放的经济运行"双循环"新格局

当今世界正经历"百年未遇之大变局"，国际力量对比深刻调整，经济全球化遭遇逆流，如何在坚持扩大内需战略基点基础上，立足国内大循环，发挥比较优势，以国内大循环吸引全球资源要素，促进国内国际双循环。党的十九届五中全会对"塑造我国国际经济合作和竞争新优势"作出战略抉择部署。正如习近平总书记在党的十九届五中全会上所做的《关于〈中共中央关于制定国民经济和社会发展第十四个五年规划和 2035 年远景目标的建议〉的说明》中所指出的，"新发展格局绝不是封闭的国内循环，而是开放的国内国际双循环"，因此，在走过了"商品型"开放、"要素型"开放并取得成功经验的基础上，我们要立足新发展阶段、新发展环境，迈向"制度型"开放为特征的更高水平的开放。通过开放促进经济体系在参与国际经济合作和竞争中不断完善、不断提高抵御外部风险冲击的能力和实力，不断增强现代化水平。

1978 年以来，中国的对内市场化改革和对外开放程度提高是同步推进的，对外开放导致我国在全球范围内优化资源配置，并对内部的经济体制改革形成了强大推动力。特别是，我国利用全球经济增长和国内的要素禀赋优势，大力发展以劳动密集为基本特征的制

造业，在全球范围内获得了"世界制造中心"的地位，美国、欧洲成为中国制造业产品的主要出口地。概言之，20世纪70年代末期以来，中国经济的持续高速增长与我国积极参与全球分工、主动融入全球化进程密不可分。2008年国际金融危机爆发以来，全球经济开始转入深度转折和调整阶段，美国和欧洲开始强调"制造业回归"，并对主要新兴经济体实施贸易保护主义政策，这使得中国面临的国际经济格局出现了明显转变。此外，在产业链内部分工背景下，"世界制造中心"导致中国长期处在产业链附加值的低端位置，中国在全球产业价值链和利益链的分配中处于相对不利地位。这些因素的相互叠加需要中国形成全面开放新格局，在对外经济关系维度体现出新发展理念，并对建设现代化经济体系形成支撑作用。

在实现经济高质量发展的过程中，我国推动形成全面开放新格局突出强调的是开放的广度、深度及其与改革的耦合性。这里的"全面"，是指我国贸易伙伴国的扩大，是指开放领域从工业领域延伸至服务产业，是指中国开放体现中国对全球经济的影响力和塑造力，是指中国借助对外开放形成"以开放促改革、以改革促发展"的新局面。现阶段，我国推动形成全面开放新格局应重点做好如下工作：

一是积极推进"一带一路"建设。2013年9月，我国在国际贸易格局逆转和国内产能过剩的背景下，提出了建设"一带一路"（"丝绸之路经济带"和"海上丝绸之路"）倡议。该倡议提出具有较强的贸易策略和危机回应特征，即将中国东部沿海地区的"扇形"

开放拓展为东中西部更为广泛的"环形开放"。在建设现代化强国的情形下,我国的"一带一路"倡议需要进行内涵拓展和定位提升,促使其从贸易策略转向经济地理、发展动力和国际格局的重塑,将"一带一路"倡议视为我国提高开放程度、协调区域发展、驱动国内改革和构建人类命运共同体的重要载体。当前,我国紧密关注"一带一路"倡议实施中的相关问题:与相关国家的贸易额放缓、相关国家基础设施落差明显、国内各地参与程度并不一致、民营企业介入程度相对较低等等,有针对性地采取推进和完善举措。在实施路径中,应以基础设施建设为先导,带动商品和要素的双向流动;应以国内体制改革为先导,带动民营企业和国有企业的竞争力提升;应以经济和地理邻近地区为先导,逐步带动更多国家和地区的深度介入;应以经济贸易发展为先导,带动文化、社会、政治等多领域的频繁互动,进而形成我国陆海内外联动、东西双向互济的开放格局。

二是提高贸易和投资自由化便利化程度。伴随着中国经济总量的持续增长,我国的对外开放不仅是一个"产品走出去"的问题,也是一个"产品和要素引进来"的问题。在国际范围内进口产品、吸引投资需要提高我国的市场交易效率,在这个意义上,提高贸易和投资的自由化便利化程度就是形成全面新格局的重要组成部分。现阶段,我国必须着力加强产权保护和加快要素市场化改革,通过深化经济体制改革为贸易和投资自由化便利化提供制度基础。从操作的角度看,我国应全面实行准入前国民待遇加负面清单管理制度,为国外产品和投资进入中国提供稳定预期和更大的选择空间。在产业层面，应在工业领域之外扩大服务业开放程度。在地域层面，应在东部地区之外加快中西部地区开放程度。在策略层面，应通过扩大自由贸易试验区改革和探索自由贸易港，为增强贸易和投资自由化便利化提供更充分的政策蓝本。

三是不断完善和创新对外投资方式。改革开放 40 多年来，伴随着中国经济与域外经济的交往深入推进，联结持续增强，中国在吸引外资的同时也不断开展对外投资，国内资本也需要立足于收益比较在全球范围内进行流动和配置。由此可见，对外投资是中国经济影响全球格局的重要体现，是我国形成开放新格局的重要内容。在我国经济转向高质量发展的新阶段，我国必须不断完善和创新对外投资方式。为此，我国应加快推进国有企业改革，优化民营企业营商环境，形成一批在国际范围内具有市场、技术、品牌竞争力的企业，在微观主体维度为拓展对外投资提供前提条件。同时，还应针对我国在高铁等基础设施制造中的优势，或者针对钢铁、水泥等主要产能过剩领域，通过政府协议和市场信息匹配等多个渠道进行对接，增强国际产能合作，丰富对外投资的内涵和层次，在国际产能合作中注重利用"互联网 +"等技术或工具来减低市场交易成本。此外，对外投资意味着国内企业更为广泛地参与到全球经济格局之中，考虑到国内外往往面临着有差别的制度环境，我国还应依靠双边或多边谈判，优化区域和国际经济秩序，为我国企业开展对外投资提供更为充分的产权保护，在增强国际经济合作和竞争中推动现代化经济体系的建设进程。

四是以自由贸易试验区为引领，从规则、规制、管理、标准等几个方面全面推进迈向更高水平的"制度型"开放新境界。自贸试验区所推出的开放新举措，为现代化经济体系建设注入了国际化基因活力。2013 年到 2019 年，我国自贸试验区数量从 1 家扩容到 18 家，形成了覆盖东西南北中的改革开放创新格局。2019 年，18 个自贸试验区进出口和实际利用外资情况均表现亮眼，稳外贸稳外资作用明显。自贸试验区在构建新发展格局中的率先作为，在更大力度、更深层次改革开放中"先行先试"的探索和实践，充分彰显了自贸试验区在推动我国经济实现高质量发展中示范带动作用。作为改革开放新高地，自贸试验区成为稳住外贸外资基本盘的重要阵地。2019 年，18 个自贸试验区累计新设企业约 31.9 万家，其中外资企业 6242 家，进出口总额 4.6 万亿元，实际利用外资 1435.5 亿元，以不到全国千分之四的国土面积，实现了全国 14.6% 的进出口和 15.2% 的外商投资。自贸试验区试行以准入前国民待遇加负面清单为核心的管理模式，改变了长期以来对外商投资逐案审批的管理方式。2019 年，自贸试验区出台了第六版负面清单，与 2013 年版相比，缩减比例达 80.5%。其中，限制类措施从 2013 年版的 152 项管理措施缩减到 2019 年版的 17 项，缩减比例达到 88.8%，禁止类措施从 2013 版的 38 项管理措施缩减到 2019 年版的 20 项，缩减比例达到 47.4%。据统计，2019 年，国家层面共形成了 66 项自贸试验区可复制推广的制度创新成果。从领域来看，66 项制度创新成果中，投资领域 19 项，贸易领域 7 项，金融开放创新领域 7 项，事中事后监管领域 15 项，优化税收征管领域 6 项，人员便利流动领域 12 项。

面对外部风险挑战明显上升的复杂局面，我国稳步推进高质量发展和制度型开放，促进经济社会持续健康发展。作为新时代改革开放的新高地，自贸试验区在新发展格局中发挥了重要的作用。自贸试验区改革创新的经验示范，为打造国内国际双循环新发展格局，构建面向全球的高标准自由贸易区网络，促进经济体系运行和国民经济循环的畅通无阻提供了动力，为促进中国经济的自立自强，塑造我国参与国际合作和竞争新优势，改善我国生产要素质量和配置水平，推动我国产业转型，增强我国在全球产业链供应链创新链中的影响力，发挥了积极的作用。

# 后 记

  本书是复旦大学党委书记焦扬亲自主持的"习近平新时代中国特色社会主义思想研究工程"和"当代中国马克思主义研究工程"（简称"两大工程"）建设中有关《新时代中国特色社会主义现代化经济体系》专题的研究成果。经济学院政治经济学研究团队承担具体研究撰稿。经济学院张军院长对本研究任务的具体执行一直予以关心和指导。

  基于我国经济理论界对于现代化经济体系内容的理解，联系中国特色社会主义发展进入一个新的阶段这样的实践背景，我们把研究的重点放在如何扎实推进现代化经济体系"建设"，促进中国经济社会转向"高质量发展"上。写作过程中吸收了我国经济理论和实际工作中所积累的相关成果和经验。在此一并致谢！

  在接到学校布置的研究任务后，我们先后组织两轮讨论后明确分工写作任务。各章的具体分工是：引论和第三章由张晖明撰写，第一章由孟捷撰写，第二章由严法善撰写，第四章由汪立鑫撰写，

第五章由高帆撰写。最后由张晖明教授对各章内容加以统稿，对文字格式和相关统计数据进行了更新处理。

由于我们教学工作和其他相关研究任务也比较繁重，本书的写作交卷时间有所耽搁。再加上限于我们的研究能力，这里所呈现的有关见解观点，一定存在诸多不足，欢迎读者提出批评指正。

联系邮箱：hmzhang@fudan.edu.cn

张晖明

2021 年 7 月 18 日

**图书在版编目(CIP)数据**

中国现代化经济体系建设研究/张晖明等著. —上海:上海人民出版社,2021
习近平新时代中国特色社会主义思想研究工程
ISBN 978 - 7 - 208 - 17229 - 6

Ⅰ.①中… Ⅱ.①张… Ⅲ.①中国经济-经济体系-研究 Ⅳ.①F123

中国版本图书馆 CIP 数据核字(2021)第 152633 号

**责任编辑** 吕桂萍
**封面设计** 汪 昊

习近平新时代中国特色社会主义思想研究工程
**中国现代化经济体系建设研究**
张晖明 等 著

出　　版　上海人民出版社
　　　　　(200001　上海福建中路 193 号)
发　　行　上海人民出版社发行中心
印　　刷　上海商务联西印刷有限公司
开　　本　720×1000　1/16
印　　张　14.25
插　　页　2
字　　数　139,000
版　　次　2021 年 8 月第 1 版
印　　次　2021 年 8 月第 1 次印刷
ISBN 978 - 7 - 208 - 17229 - 6/F · 2699
定　　价　58.00 元